Laura Wilhelm
die Näh-Expertin aus dem TV

Neue Näh-Ideen

aus KAFFEE ODER TEE

Geschenke, Dekorationen, Kleidung und Upcyclingideen einfach selbst genäht

SWR»
Das Buch zur Sendung

KAFFEE ODER TEE

KLEIDUNG

WOHNRAUM & DEKORATIONEN

SCHWIERIGKEITSGRADE

Schnell und einfach — Braucht etwas Übung — Für Näherfahrene

DRAUSSEN & UNTERWEGS

GESCHENKE

UP cycling — Modelle aus ausrangierten Textilien oder Stoffresten

EASY Modell — Leichte Modelle für Einsteiger

TREND Modell — Modelle aus trendigen Materialien

VORWORT

Im Jahr 2011 bekam ich eine Mail aus der „Kaffee oder Tee“-Redaktion mit der Anfrage, ob ich nicht Lust hätte, eine Näh-Idee in der Sendung vorzustellen. Ich bin freiberufliche Textildesignerin und hatte damals mit dem Schreiben von Nähbüchern gerade ein neues Berufsfeld für mich entdeckt. Die Redaktion war auf der Suche nach einer Näh-Expertin und durch meine Bücher auf mich aufmerksam geworden. Neugierig und offen für neue Herausforderungen sagte ich zu.

Ich muss heute noch darüber lachen, dass ich dachte, es handele sich um einen einmaligen Auftritt. Die Aufregung im Vorfeld der Sendung war natürlich groß, und nach wochenlanger Vorbereitung war ich nur noch froh, dass ich den Einsatz vor der Kamera erfolgreich hinter mich gebracht hatte! Erst als die Moderatorin Heike Greis mich fröhlich mit den Worten „Wir sehen uns ja jetzt öfter“ verabschiedete, verstand ich, dass ich wohl für regelmäßige Auftritte eingeplant war ...

Das war der Beginn meiner jahrelangen Tätigkeit als TV-Expertin für Näh-Ideen, und ich bin nach wie vor sehr gerne ein Teil der „SWR-Kaffee-oder-Tee-Familie“. Es macht mir einfach Spaß, tolle Näh-Ideen zu entwickeln, mir gute Lösungen auszudenken, nachvollziehbare Nähanleitungen zu schreiben und meine Ideen in der Sendung live vor der Kamera vorzustellen.

Ganz besonders freut es mich, dass ich zum zweiten Mal ein Buch mit meinen schönsten und beliebtesten Modellen aus der Sendung zusammenstellen und schreiben durfte. Wieder ist es eine bunte Mischung aus Wohnaccessoires, Deko, Kleidung, Upcycling, Geschenkideen und vielem mehr geworden. Es ist für jeden etwas dabei!

Ich wünsche Ihnen viel Freude mit den neuen Näh-Ideen aus „Kaffee oder Tee“!

Ihre

Laura Wilhelm

KAFFEE
ODER TEE
SWR

HINTER DEN KULISSEN

Bevor es mit den Näh-Ideen losgeht, nehme ich Sie mit auf einen kleinen Ausflug hinter die Kulissen.

▶ AUF DEM WEG ZUM STUDIO Meistens wechsle ich ein paar Worte mit dem Pförtner, dann geht's vorbei an diesem großen, lichtdurchfluteten und leeren Atrium, wo ich mich seit Jahren neugierig frage, ob hier auch einmal etwas passiert. Für dieses Buch habe ich endlich nachgefragt: Das ist der Innenhof des Gebäudes, in dem die Redaktion von Kaffee oder Tee arbeitet. Hier finden Fotoshootings und manchmal auch Filmaufnahmen statt.
Ansonsten dient der Innenhof lediglich dazu, den um ihn herum liegenden Büros Licht zu spenden.

▲ ANKUNFT Am Tag der Sendung mache ich mich am Vormittag auf den Weg von Stetten im Remstal nach Baden-Baden, wo „Kaffee oder Tee" live ausgestrahlt wird. Gegen 14 Uhr treffe ich dann – meist schwer bepackt – am SWR Funkhaus ein.

◀ DER „BLAUE GANG" Ich weiß nicht, ob die Verbindungsbrücke zu den Studios einen Namen hat, aber ich nenne sie für mich „Blauer Gang". Hier fühle ich immer ein kleines Kribbeln im Bauch, denn jetzt wird es langsam ernst!

KAFFEE ODER TEE

◂ STUDIO 1 Hinter dieser Tür befindet sich das Studio 1. Hier wird von Montag bis Freitag die Sendung „Kaffee oder Tee" vorbereitet, geprobt und ausgestrahlt. Los geht's!
Im Studio checke ich erst einmal die Lage und kann im besten Fall auch gleich aufbauen. Die netten Kolleginnen und Kollegen von der Requisite erwarten mich meist schon und haben auch Tisch und Nähmaschine für mich aufgebaut.

◂ VORBEREITUNG IM STUDIO Spätestens im Studio treffe ich auf meine Redakteurin. Wir besprechen uns kurz und klären noch offene Fragen. Dann überlege ich, wie ich meine vorbereiteten Arbeitschritte auf dem Tisch zurechtlege. Zusammen mit der Requisite setzen wir die fertigen Modelle so in Szene, dass die Kamera sie gut einfangen kann und die Zuschauerinnen und Zuschauer zu Hause einen ansprechenden Eindruck von meiner Näh-Idee bekommen. Dann steckt mir die Technik ein Mikrofon an, denn um 14.30 Uhr beginnt der Probedurchlauf.

▲ DIE GARDEROBE Während des Aufbaus kommt die zuständige Stylistin zu mir, um mein Outfit zu „checken". Es gibt gewissen Vorgaben, denn nicht alle Muster oder Farben sehen durch die Kamera gut aus. Ich habe daher auch immer ein paar Kleidungsstücke zur Auswahl dabei. Im Notfall kann man auch mal auf den Fundus in der Garderobe zurückgreifen, aber das ist sehr selten der Fall.

▲ IN DER MASKE Nach dem „Klamottencheck" gehe ich meist direkt in die Maske, um ein kamerataugliches Make-up zu bekommen. Dort ist es immer sehr angenehm und ruhig, ich kann noch etwas entspannen und mich dabei nett unterhalten.

▲ VORBEREITUNG Nun bleibt noch Zeit, mich im Gästeraum mit den anderen Experten auszutauschen oder wie hier im Foyer die Arbeitsschritte und den Ablauf noch einmal in Ruhe durchzugehen.

▼ DER ABLAUFPLAN Hier kann ich immer spicken, wer sonst noch in die Sendung kommt und wann ich genau dran bin.

◀ DIE BLAUEN SESSEL Sehr gemütlich sind die blauen Sessel im Studio! Hier sitze ich während der Sendung nie, da ich immer einen Tisch und eine Nähmaschine brauche! Obwohl … vielleicht sollte ich einfach mal ein kleines handgenähtes Projekt vorstellen?

▲ „BITTE RUHE – AUFNAHME" Pssst! Im Studio nebenan läuft die Aufnahme des Tigerentenclubs, da heißt es möglichst leise sein! Manchmal ist hier trotz Aufnahme aber das Gegenteil der Fall: Die Wettspiele finden im langen Gang zwischen den beiden Studios statt. Da ist es dann so laut und wuselig, dass wir sogar auf Umwegen zu unserem Studio laufen müssen!

▲ NETTE BEGEGNUNGEN Besonders freut es mich, wenn ich auf dem Gang auf nette Leute treffe und noch etwas Zeit für ein kleines privates Schwätzchen ist – so wie hier mit Moderator Jens Hübschen.

▶ LOS GEHT'S! Und um 16.06 Uhr beginnt dann auch schon die Live-Sendung!

Kleidung

ÜBERSCHNITTENES SHIRT

MIT RUNDHALS- ODER U-BOOT-AUSSCHNITT

Ein schlichter Schnitt mit großer Wirkung - das leicht taillierte Shirt ist ein echter Allrounder, denn es passt zu Büro, Freizeit, Sport oder Fest. Einfach den passenden Stoff aussuchen, nähen, anziehen und toll aussehen!

GRÖSSE

XS–XXL

Die Angaben für die einzelnen Größen sind durch Schrägstriche getrennt.

MATERIAL

- Singlejersey (z. B. Baumwolle oder Viskose mit Elasthananteil), 140 cm breit, 80 cm (Größe XS–M) / 1,50 m (Größe L–XXL)
- farblich passendes Nähgarn
- Jerseynadel für die Nähmaschine

HINWEIS Für das Halsbündchen können Sie natürlich auch Bündchenware in passender Farbe verwenden.

SCHNITTMUSTERBOGEN B

NAHTZUGABEN

Die Teile mit 1 cm Nahtzugabe zuschneiden. Vorder- und Rückenteil mit 2 cm Saumzugabe, am Ärmel mit 1,5 cm Saumzugabe. Dabei darauf achten, dass die Saumzugabe am Ärmel an den Seiten schräg nach außen verläuft.

ZUSCHNITT

Auf dem Schnittmusterbogen können Sie zwischen zwei Ausschnittvarianten (Rundhals- und U-Boot-Ausschnitt) wählen. Das abgebildete Shirt hat einen U-Boot-Ausschnitt, der Streifen für den Halsausschnitt wurde quer zu den Streifen zugeschnitten.

Singlejersey

- 1x Vorderteil im Stoffbruch
- 1x Rückenteil im Stoffbruch
- 1x Streifen für Halsbündchen, 4 cm breit, Länge: Halsausschnitt x 0,8 + 2 cm

ANLEITUNG

HINWEIS Bei Größe L-XXL am Vorderteil zunächst die Markierungen für die Brustabnäher auf den Stoff übertragen und die Abnäher schließen.

1... Vorder- und Rückenteil rechts auf rechts legen und die Schulternähte mit der Overlockmaschine schließen. Am Ausschnitt je ca. 5 cm Fadenkette stehen lassen, nah am Stoff verknoten und die Fadenkette mithilfe einer Handnähnadel mit großem Öhr in das Saumende einziehen. Bei einer normalen Nähmaschine die Nahtenden am Halsausschnitt mit ein paar zusätzlichen Geradstichen sichern.

2... Die Ärmelkanten mit der Overlockmaschine versäubern. Wenn Sie eine Coverlockmaschine verwenden, entfällt dieser Schritt. Die Ärmelsäume 1,5 cm auf links umbügeln, dabei den Stoff leicht dehnen, damit die Rundung erhalten bleibt. Mit einem dehnbaren Stich oder der Coverlockmaschine feststeppen.

3 ... Vorder- und Rückenteil rechts auf rechts legen, die Seitenkanten bündig aufeinanderlegen und heften. Die Seitennähte ab der Ärmelkante schließen. An Nahtanfang und -ende ca. 5 cm Fadenkette stehen lassen, nah am Stoff verknoten und jeweils in den Saum einziehen. Damit die Ärmelkanten beim Zusammensteppen nicht verrutschen, können sie vor Schließen der Seitennaht innerhalb der Nahtzugabe mit Geradstich fixiert werden.

4 ... Die kurzen Kanten des Jerseystreifens rechts auf rechts legen und zusammensteppen. Das Bündchen links auf links doppelt legen und die Kanten sauber aufeinanderbügeln. Bündchen und Halsausschnitt mit Stecknadeln in Viertel- oder Achtelstrecken einteilen. Das Bündchen in doppelter Stofflage rechts auf rechts an die Ausschnittkante stecken, sodass die Markierungen aufeinandertreffen; die Bündchennaht trifft auf die hintere Mitte. Das Bündchen zwischen den Stecknadelmarkierungen gleichmäßig gedehnt annähen, anschließend nach oben klappen und die Nahtzugaben nach unten bügeln.

5 ... Den Saum 2 cm auf links bügeln und mit einem dehnbaren Stich oder der Coverlockmaschine feststeppen.

GESTREIFTE TUNIKA MIT STEHKRAGEN

Eines meiner Lieblingsoberteile ist eine schwarz-weiß gestreifte Tunika, die ich auch schon in der Sendung getragen habe. Da ich häufig gefragt werde, ob es dafür auch ein Schnittmuster gibt, stelle ich Ihnen hier die ausführliche Anleitung zur Verfügung.

GRÖSSE 34-46

Die Angaben für die einzelnen Größen sind durch Schrägstriche getrennt.

MATERIAL

- leichter Sommersweat oder Singlejersey, 140 cm breit, 1,70 m (Gr. 34–40) / 2,20 m (Gr. 42–46)
- bi-elastische leichte Bügeleinlage (z. B. Vlieseline® H 609), 90 cm breit, 10 cm (optional)
- 8 farblich passende Knöpfe, ø 15–18 mm
- farblich passendes Nähgarn

HINWEIS Bei der Verwendung sehr leichter oder dünner Stoffe den Kragen mit bi-elastischer leichter Bügeleinlage (z. B. Vlieseline® H 609) verstärken.

SCHNITTMUSTERBOGEN B

NAHTZUGABEN

Alle Teile mit 1 cm Nahtzugabe zuschneiden. Vorder- und Rückenteil mit 2 cm Saumzugabe.

ZUSCHNITT

Alle Passzeichen und Markierungen vom Schnittmuster auf die Schnittteile übertragen. Kragen und Armbündchen bei Streifenstoff im rechten Winkel zu den Streifen zuschneiden.

Sommersweat
- 2x Vorderteil gegengleich
- 1x Rückenteil im Stoffbruch
- 2x Ärmel gegengleich
- 1x Kragen im Stoffbruch
- 2x Armbündchen im Stoffbruch

Bügeleinlage
- 1x Kragen (optional)

ANLEITUNG

1... An den Vorderteilen die lange Kante und die Schulterkante des angeschnittenen Belegs mit Overlockstich versäubern. Die kurze Kante des angeschnittenen Belegs mit Overlockstich versäubern. An den langen Kanten ca. 5 cm Fadenkette stehen lassen und mithilfe einer Handnähnadel mit großem Öhr in die Naht einziehen.

2... Vorder- und Rückenteil rechts auf rechts an den Schultern bündig aufeinanderlegen und heften.

3... Die Schulternähte mit Overlockstich schließen. Am Halsausschnitt ca. 5 cm Fadenkette stehen lassen und diese mithilfe einer Handnähnadel mit großem Öhr in das Saumende einziehen. Die Nahtzugaben nach hinten bügeln.

4... Bei sehr leichten Stoffen die Bügeleinlage als Verstärkung auf die linke Stoffseite des Außenkragens bügeln. Den Kragen der Länge nach rechts auf rechts klappen und die kurzen Enden mit Geradstich zusammennähen. Die Nahtzugaben auf ca. 5 mm zurückschneiden und an den Ecken abschrägen.

5... Kragen auf rechts wenden, die Ecken mithilfe einer stumpfen Nadel ausformen und die Saumkanten sorgfältig aufeinanderbügeln. Den Kragen glatt bügeln.

6... Den Kragen rechts auf rechts in doppelter Stofflage am Halsausschnitt feststecken. Dabei darauf achten, dass alle Passzeichen richtig aufeinandertreffen. Die angeschnittenen Blendenteile bleiben ausgeklappt und werden nicht mit festgeheftet.

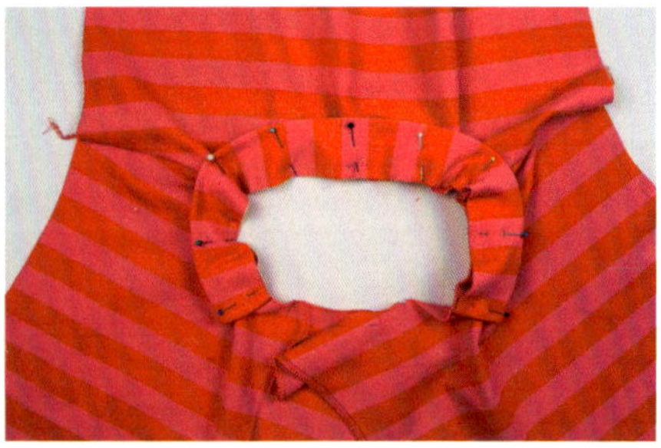

7... Den Kragen mit Geradstich an die Vorderteile steppen, dabei genau bis zur Schulternaht steppen und darauf achten, dass die Hilfsnaht innerhalb der Nahtzugabe (ca. 8 mm von der Kante entfernt) verläuft.

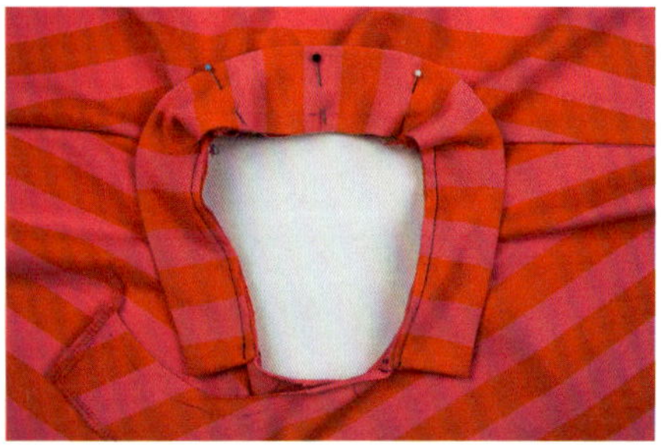

8... Die Blenden rechts auf rechts über den Kragen legen und festheften.

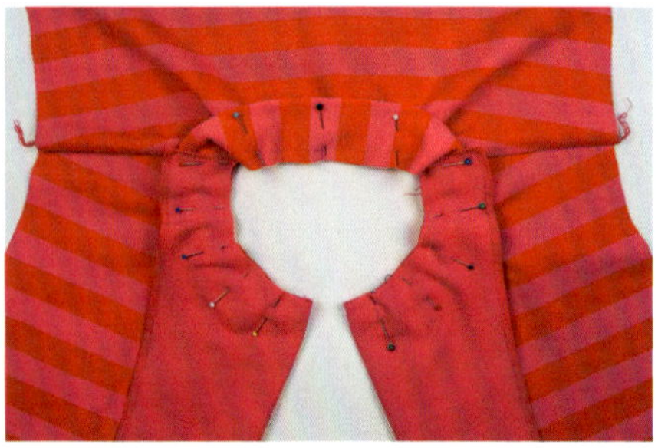

9... In einem Arbeitsschritt den Kragen und die Blendenkanten mit Overlockstich am Halsausschnitt festnähen. Dabei an Nahtbeginn und -ende ca. 5 cm Fadenkette stehen lassen und mithilfe einer Handnähnadel mit großem Öhr in die Naht einziehen.

10... Die Belege auf rechts wenden und die Ecken mithilfe einer stumpfen Nadel ausformen. Die kurzen Kanten der Belege mit ein paar Stichen von Hand an den Schulternähten fixieren.

11... Alle Kanten sorgfältig aufeinanderbügeln.

12... Die Ärmel rechts auf rechts in die Armöffnungen heften, dabei darauf achten, dass die Passzeichen richtig aufeinandertreffen. Die Ärmel mit Overlockstich feststeppen und die Nahtzugaben in Richtung Ärmel bügeln.

13... Die Saumzugabe am Vorderteil und am Rückenteil 2 cm auf links bügeln und wieder aufklappen.

14... Ärmel und Seitenkanten rechts auf rechts bündig aufeinanderlegen und heften. Die Seitennähte mit Overlockstich in einem Zug von der Ärmelunterkante bis zum Saum schließen. Am Saum je 5 cm Fadenkette stehen lassen und diese mithilfe einer Handnähnadel mit großem Öhr in das Saumende einziehen. Die Nahtzugaben nach hinten bügeln.

15... Den Saum entlang der bereits gebügelten Umbruchlinie und die ausgeklappten Belegkanten 2 cm auf links klappen, bügeln und heften.

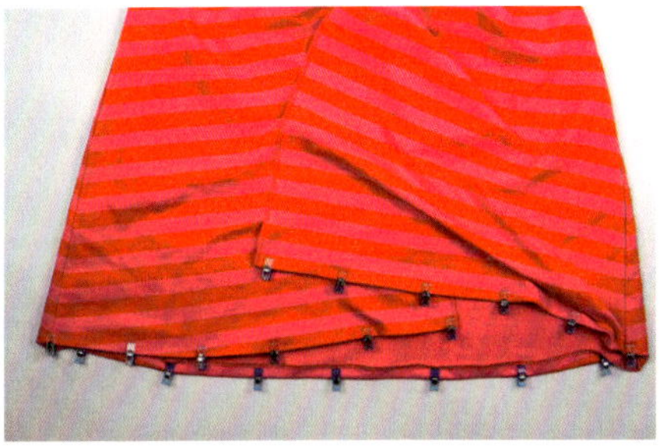

16... Mit einem dehnbaren Stich oder der Coverlock feststeppen. Die Belege wieder auf links klappen und heften.

17... Die Belegkanten mit einigen Handstichen am Saum fixieren.

18... Die Armbündchen rechts auf rechts mit Geradstich zum Ring nähen und die Nahtzugaben auseinanderbügeln.

19... Die Bündchen links auf links klappen und die unteren Kanten sauber aufeinanderbügeln.

20... Die Unterkanten der Bündchen und die Ärmelsaumkanten jeweils mit Stecknadeln in Viertelstrecken einteilen. Die Bündchen rechts auf rechts an die Ärmelsaumkanten stecken, sodass die Markierungen aufeinandertreffen; die Nähte der Armbündchen treffen auf die Ärmelnähte. Die Bündchen zwischen den Stecknadelmarkierungen gleichmäßig gedehnt mit Overlockstich annähen.

21... An der rechten Knopfleiste die Knopflöcher in passender Größe zu den Knöpfen anzeichnen und gemäß Nähmaschinenanleitung fertigen. Die Knöpfe von Hand auf der linken Knopfleiste annähen.

HINWEIS Bei dünnen Stoffen können Sie die Knopflochpositionen auf der linken Stoffseite mit Bügeleinlage verstärken. Dazu die Blende aufklappen und die Einlage auf die Blende oder zusätzlich auf den entsprechenden Bereich des Vorderteils bügeln.

TIPP Wenn Sie einen gestreiften Stoff verwenden, können Sie die Position der Knöpfe und Knopflöcher an die Streifen anpassen. Der Abstand von Knopflochmitte zu Knopflochmitte sollte dabei regelmäßig sein und zwischen 6,5 cm und 8,5 cm betragen.

SCHWINGENDER TELLERROCK

Ein ganz einfacher Schnitt, der ohne Schnittmuster auskommt und dennoch ganz individuell auf Maß genäht wird. Je nachdem, aus welchem Material Sie den Tellerrock nähen, eignet er sich nicht nur für Sommertage, sondern auch mit Leggings und Stiefeln getragen prima für Frühling, Herbst und Winter.

GRÖSSE

Individuell

MATERIAL

- leichter Webstoff (z. B. Viskose, Baumwolle oder Leinen), Jersey (z. B. Viskose/Elasthan oder Baumwolle/Elasthan), dünner Wollstoff oder Fleece
- Strickbündchen (Meterware)
- farblich passendes Nähgarn
- Jerseynadel für die Nähmaschine

HINWEIS Der Rock wird auf Maß genäht. Die benötigte Stoffmenge errechnet sich aus den Körpermaßen und der Rocklänge (siehe Schritt 1–5).

ANLEITUNG

1... Zunächst die Körpermaße bestimmen. Dazu an folgenden Stellen messen:

- Hüftumfang (die breiteste Stelle, über die der Rock gezogen wird)
- Taillenumfang (die Stelle, an der der Rockbund sitzen soll; soll der Rock auf der Hüfte getragen werden soll, dann an dieser Stelle messen)
- Rocklänge (ab Unterkante Rockbund messen)
- Rockbundhöhe (Bündchenhöhe)

2... Der Tellerrock wird aus einem großen Kreis mit einem kreisrunden Ausschnitt genäht. Den Radius für den inneren Kreis wie folgt ermitteln:
Radius = Hüftumfang : 6,28
Beispiel: Wenn der Hüftumfang 93 cm beträgt, rechnen Sie 93 cm : 6,28 = 14,80 cm und runden das Maß für den inneren Radius auf 15 cm auf.

3... Bestimmen Sie nun die gewünschte Rocklänge.

4... Berechnen Sie die benötigte Stoffmenge (Stofflänge und Stoffbreite) wie folgt:
2x Rocklänge (ohne Bundhöhe) + 2x innerer Radius + 2 cm Nahtzugabe (siehe Zeichnung unten)
Beispiel: Wenn Sie als Rocklänge 45 cm gewählt haben, rechnen Sie:
2x 45 cm + 2x 15 cm + 2 cm = 122 cm.
In diesem Fall kaufen Sie 125 cm x 125 cm Stoff.

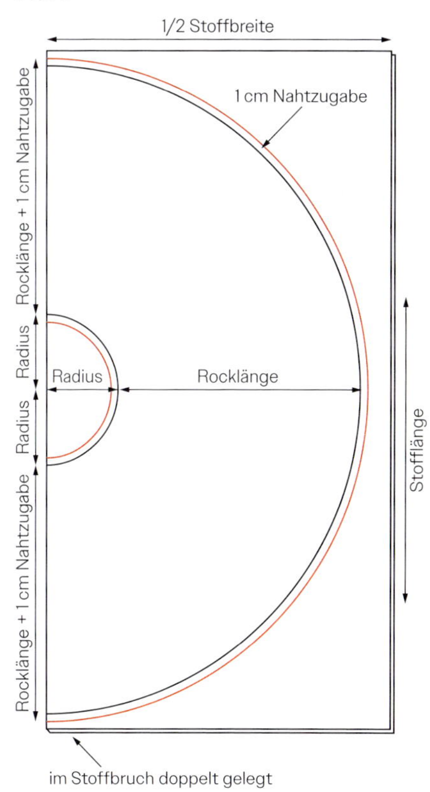

5... Berechnen Sie nun das Maß für den Rockbund.
Für die Breite setzen Sie Ihren gemessenen Taillenumfang in folgende Formel ein: Bündchenbreite = Taillenumfang x 0,7 + 2 cm Nahtzugabe.
Beispiel: Wenn Ihr Taillenumfang 80 cm beträgt, rechnen Sie: 80 cm x 0,7 + 2 cm = 58 cm.
Da das Bündchen doppelt genäht wird, müssen Sie es doppelt hoch zuschneiden. Berechnung: Bündchenhöhe x 2 + 2 cm Nahtzugabe.
Beispiel: Soll das Bündchen 6 cm hoch sein, rechnen Sie: 6 cm x 2 + 2 cm = 14 cm.
Der Zuschnitt für das Bündchen wäre in diesem Beispiel 58 cm x 14 cm.

6... Den Stoff einmal in der Stoffbreite zusammenklappen und anschließend der Länge nach zusammenlegen, sodass der Stoff vierlagig liegt. Achten Sie darauf, dass die Lagen faltenfrei und an allen Kanten bündig liegen. Die Bruchkanten gegebenenfalls bügeln.

7... Radius und Rocklänge auf dem Stoff aufzeichnen. Dabei mit dem Maßband immer genau ab der Spitze messen. Das Rockteil zuschneiden, dazu den Bundausschnitt und Saum mit 1 cm Nahtzugabe ausschneiden.

R = innerer Radius
NZG = Nahtzugabe

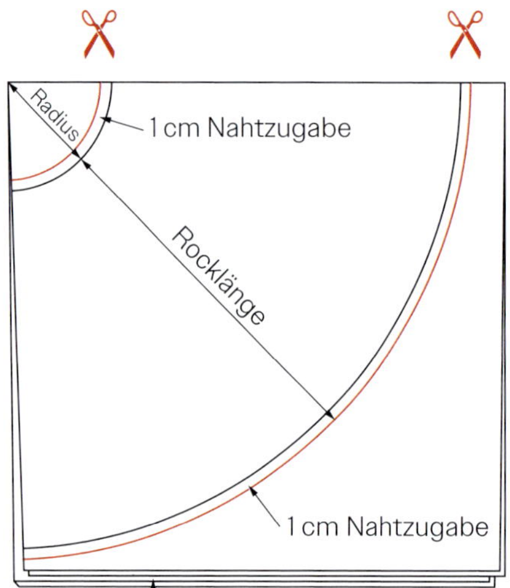

8... Viertelstrecken und Achtelstrecken am Ausschnitt mit Schneiderkreide oder durch kleine Einschnitte mit der Schere markieren.

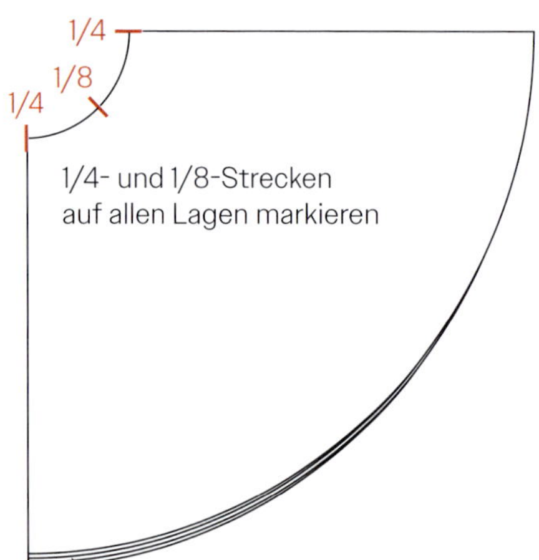

9... Die kurzen Kanten des Bündchens rechts auf rechts legen und zusammensteppen. Den Ring auf rechts wenden und der Länge nach zusammenklappen. Von der Naht ausgehend Viertel- und Achtelstrecken an der offenen, doppellagigen unteren Kante markieren.

10... Die Bundkante des Rockteils und die offenen Kanten des Bündchens an den Markierungen der Viertel- und Achtelstrecken mit Stecknadeln rechts auf rechts aufeinanderheften.

11... Das Bündchen an einer Markierung beginnend mit Stretchstich oder Geradstich an das Rockteil steppen. Dabei liegt das Bündchen oben. Beim Nähen das Bündchen zwischen den Strecken (immer von einer Stecknadel zur nächsten) so dehnen, dass der Rockstoff glatt an den Bund gesteppt wird.

12... Die Nahtzugaben, ebenfalls in gedehntem Zustand, mit Zickzackstich versäubern und nach unten bügeln.

13... Die untere Rockkante mit Zickzackstich versäubern. Die Kante 1 cm auf die linke Stoffseite einschlagen, bügeln, heften und knappkantig feststeppen.

TRACHTIGES OUTFIT

EASY Modell

Für alle, die kein Dirndl besitzen, aber dennoch passend zum Anlass gekleidet sein möchten. Mit diesen vier Accessoires zaubern Sie im Nu ein Outfit - nicht nur für Wiesn und Wasen.

GRÖSSE

Tasche 20 cm x 16 cm

MATERIAL

BREITES ARMBAND

- Wollfilz, Walkstoff oder Baumwollfleece in Hellgrau, 2–3 mm stark, Rest
- Trachtenband in Rot-Weiß kariert
- Spitzenborte oder Zackenlitze in Hellgrau
- 1–2 Druckknöpfe, ø 8 mm
- großer Trachtenknopf oder passender Zierknopf
- Strasssteine zum Aufbügeln (optional)
- farblich passendes Nähgarn

DREIFACH GESCHLUNGENES ARMBAND

- Wollfilz, Walkstoff oder Baumwollfleece, 2–3 mm stark, Rest
- Trachtenband in Rot-Weiß kariert, 10–15 mm breit
- Druckknopf, ø 8 mm
- Trachtenanhänger in Silber (optional)
- Strasssteine zum Aufbügeln (optional)
- farblich passendes Nähgarn

T-SHIRT MIT HERZAPPLIKATION

- T-Shirt in passender Größe in Weiß oder Weiß mit Punktemuster
- Baumwollstoff in Rot-Weiß kariert und in Braun, Reste
- doppelseitiges Klebevlies für Applikationen (z. B. Vliesofix)
- Zackenlitze in Weiß
- 3 Edelweißmotive zum Aufnähen oder Aufbügeln, 1x ø 4 cm, 2x ø 2 cm
- 5 Strasssteine zum Aufbügeln in Silber, ø 4 mm
- farblich passendes Nähgarn
- Jerseynadel für die Nähmaschine

HERZTASCHE

- Wollfilz, Walkstoff oder Baumwollfleece, 2–3 mm stark, 25 cm x 35 cm
- Baumwollstoff in Rot-Weiß kariert und in Braun, Reste
- doppelseitiges Klebevlies für Applikationen (z. B. Vliesofix)
- Flachkordel, 2 cm breit, ca. 1,30 m
- Zackenlitze in Weiß, 1 cm breit, 60 cm
- 5 Strasssteine zum Aufbügeln in Silber, ø 4 mm
- großer Trachtenknopf
- ringförmiger Druckknopf

SCHNITTMUSTERBOGEN A

ZUSCHNITT UND NAHTZUGABEN

T-SHIRT MIT HERZAPPLIKATION

Baumwollstoff in Rot-Weiß kariert
- 1x kleines Herz

Baumwollstoff in Braun
- 1x kleine Brezel

HERZTASCHE

Die Schnittmuster enthalten alle erforderlichen Nahtzugaben.

Wollfilz
- 2x Herztasche

TIPP Die Herztasche fasst „nur" das Allernötigste wie kleine Ausweis- und Kartenhülle, Taschentuch und Lippenstift. Wenn das Handy auch in die Tasche passen soll, können Sie die Schnittteile und Motive entsprechend vergrößern.

BREITES ARMBAND

1... Aus dem Wollfilz einen 3–5 cm breiten Streifen zuschneiden. Die Länge entspricht dem gemessenen Armumfang + 5 cm (1 cm Mehrweite + 4 cm Zugabe für Knopfleiste).
Aus Spitzenborte 2 Streifen zuschneiden, die 4 cm länger als der Filzstreifen sind. Aus dem Trachtenband einen Streifen zuschneiden, der 2 cm kürzer als der Filzstreifen ist.

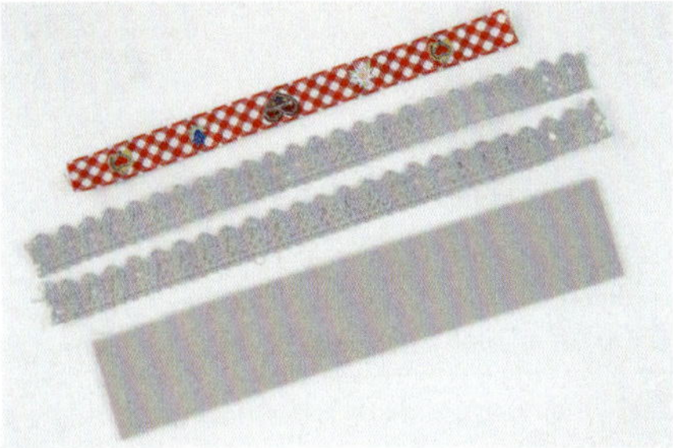

2... Die Spitzenborte kantenbündig auf den Filzstreifen heften, die Enden um den Filz nach links klappen. Knappkantig aufsteppen.

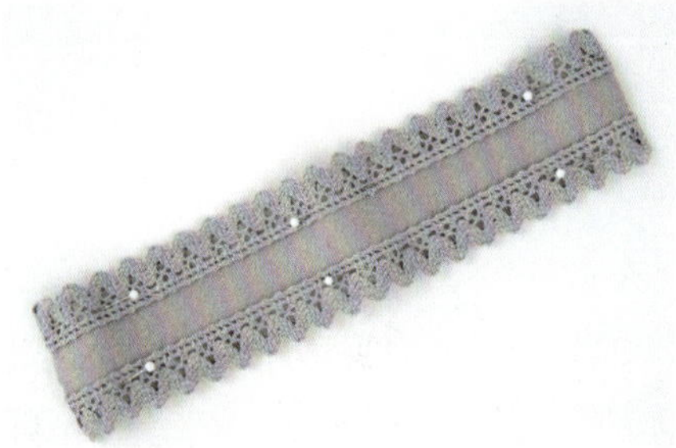

3... Die Enden des Trachtenbands 1 cm umklappen und das Band mittig auf dem Armband knappkantig feststeppen.

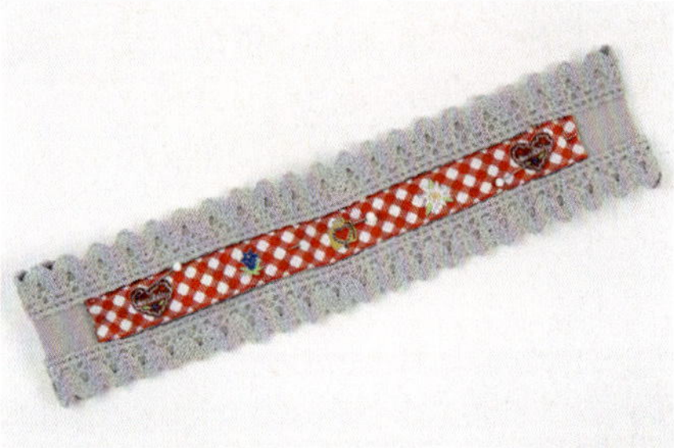

4... Die Druckknöpfe nach Herstelleranleitung an den Enden anbringen.

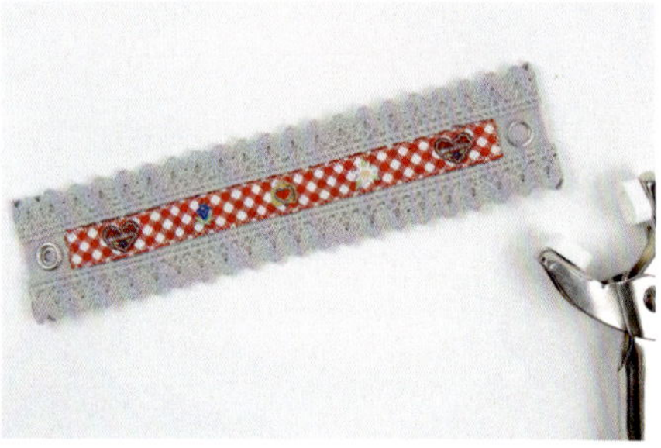

5... Den Zierknopf von Hand annähen und nach Wunsch Strasssteine aufbügeln.

DREIFACH GESCHLUNGENES ARMBAND

1... Aus Wollfilz einen 2 cm breiten Streifen zuschneiden; die Länge entspricht 3x dem gemessenen Armumfang + 10 cm (6 cm Mehrweite + 4 cm Überlappungszugabe). Tipp: Für jede weitere Umschlingung 1x Armumfang + 2 cm zugeben. Aus dem Trachtenband einen Streifen zuschneiden, der 2 cm kürzer als der Filzstreifen ist.

2... Die Enden des Trachtenbands 1 cm umklappen und das Band mittig auf den Filzstreifen heften. Das Band rundum knappkantig mit Gerad- oder Zickzackstich feststeppen.

3... Die Druckknöpfe nach Herstelleranleitung an den Enden anbringen.

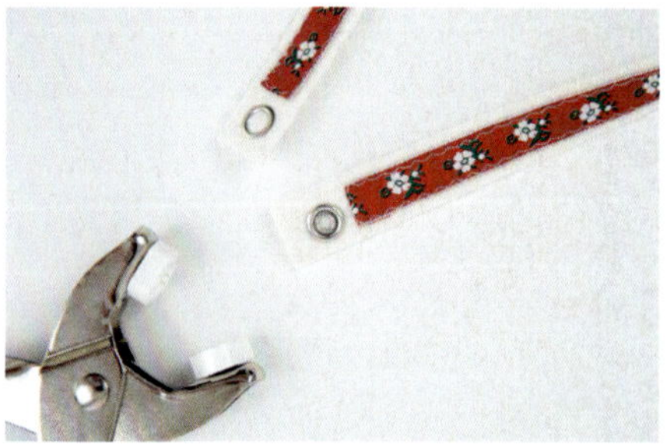

4... Nach Wunsch die Trachtenanhänger von Hand annähen und Strasssteine aufbügeln.

T-SHIRT MIT HERZAPPLIKATION

1... Das Klebevlies mit der Papierseite nach oben auf die Vorlagen (Brezel und Herz) legen und beide Motive übertragen. Die Motive einzeln grob ausschneiden.

2... Das Herzmotiv auf die linke Seite des rot-weiß karierten Baumwollstoffs, das Brezelmotiv auf die linke Seite des braunen Baumwollstoffs bügeln.

3... Die Teile exakt ausschneiden und das Trägerpapier abziehen.

4... Das Herz auf die T-Shirt-Vorderseite aufbügeln. Die Brezel auf das Herz bügeln. Tipp: Das T-Shirt vorher anziehen und die beste Position bestimmen.

5... Herz und Brezel entlang der Kanten mit Zickzackstich oder Zierstich fixieren. Beim Nähen darauf achten, dass die Nadel links in die Applikation und rechts genau an der Kante in den Trägerstoff sticht. Die Zackenlitze bündig entlang der Herzkante aufsteppen. Dabei in der oberen Mitte beginnen und enden. Die Enden der Zackenlitze dürfen dabei stumpf aneinanderstoßen, da diese Stelle durch das Edelweißmotiv verdeckt wird.

6... Die Edelweißmotive nach Herstellerangabe anbringen. Zum Schluss die Strasssteine aufbügeln.

HERZTASCHE

1... Das Klebevlies mit der Papierseite nach oben auf die Vorlagen (Brezel und Herz) legen und beide Motive übertragen. Die Motive einzeln grob ausschneiden.

2... Das Herzmotiv auf die linke Seite des rot-weiß karierten Baumwollstoffs und das Brezelmotiv auf die linke Seite des hellbraunen Baumwollstoffs bügeln.

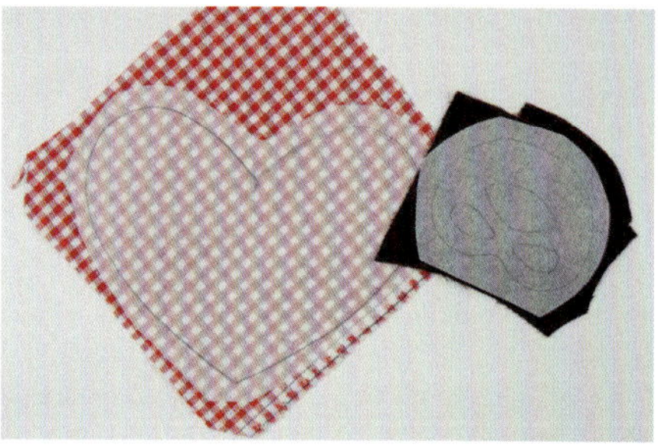

3... Die Teile exakt ausschneiden und das Trägerpapier abziehen. Das Herz markierungsgemäß auf das Taschenvorderteil bügeln. Anschließend die Brezel auf das Herz bügeln.

4... Herz und Brezel entlang der Kanten mit Zickzackstich oder Zierstich fixieren. Beim Nähen darauf achten, dass die Nadel links in die Applikation und rechts genau an der Kante in den Trägerstoff sticht.

5... Die Zackenlitze bündig entlang der Kante des Taschenvorderteils aufsteppen. Die Enden der Zackenlitze sollten sich etwas überlappen. Diese Stelle wird später durch einen aufgenähten Knopf verdeckt.

6... Die Taschenteile links auf links und bündig aufeinanderheften. Die Flachkordel in der Länge passend abmessen und mit 4 cm Nahtzugabe zuschneiden. Die Enden der Flachkordel markierungsgemäß 2 cm tief zwischen die Taschenteile schieben. Nach Wunsch eine Schlaufe aus einem Trachtenbandrest zwischen die Teile legen.

7... Die Taschenteile markierungsgemäß mit 5 mm Abstand zur Kante zusammennähen, dabei die Flachkordelenden mitfassen; die Naht beginnt und endet jeweils 5 mm vor der Kordel. Nahtanfang und -ende mit Rückstichen sichern. Die Druckknopfteile markierungsgemäß und nach Herstellerangabe anbringen. Den Trachtenknopf von Hand über den Druckknopf nähen.

BEANIE UND HANDSCHUHE

UP cycling

Für einen abgelegten Pullover, der nicht mehr getragen wird, gibt es eine tolle Upcycling-Idee: Mit wenig Aufwand können Sie Beanie und Handschuhe aus Ihrem alten Lieblingsstück nähen!

GRÖSSE

Individuell

MATERIAL

- abgelegter Strickpullover mit Bündchen
- farblich passendes Nähgarn
- Jerseynadel für die Nähmaschine

TIPP Sollte der Pullover kein Muster besitzen und etwas langweilig erscheinen, verzieren Sie die Mütze einfach mit passenden Applikationen, Handstichen, Zierknöpfen oder einer angenähten Blume.

SCHNITTMUSTERBOGEN B

NAHTZUGABEN

Das Schnittteil für die Beanie mit 1 cm Nahtzugabe zuschneiden.

BEANIE

1... Damit die Mütze gut sitzt und nicht rutscht, messen Sie zunächst den Kopfumfang. Ziehen Sie von diesem Maß 1–3 cm ab, je nach Dehnbarkeit des verwendeten Materials. Sie können auch eine gut sitzende Mütze als Vorlage für die Weite nehmen. Die Hälfte des ermittelten Wertes ist das Maß für die Mützenbreite bzw. Rechteckbreite. Die Höhe der Mütze bzw. Rechteckhöhe können Sie ganz nach Wunsch festlegen. Auch kann eine eigene Mütze als Vorlage dienen.

2... Den Pullover auf links wenden. Zwei Rechtecke mit den ermittelten Maßen doppellagig aus dem Pullover ausschneiden.

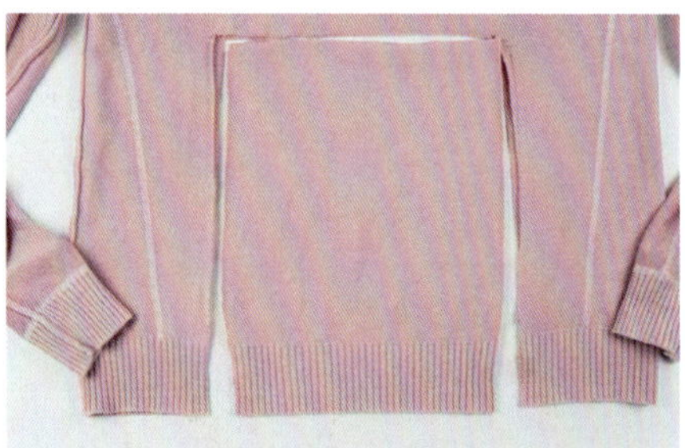

3... Die Teile an den Seitennähten heften und zu einem Schlauch zusammensteppen. Legen Sie den Schlauch anschließend so, dass die Seitennähte rechts auf rechts aufeinanderliegen, und zeichnen Sie die Rundung mithilfe des Schnittmusters an.

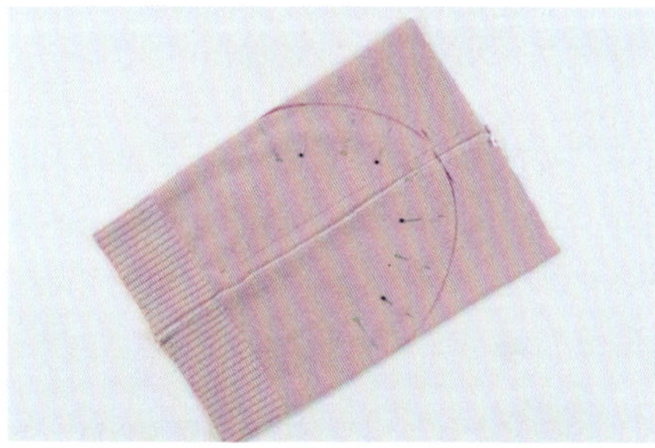

4... Den Bogen mit 1 cm Nahtzugabe ausschneiden und die Kanten an der Rundung rechts auf rechts mit Stretchstich oder Geradstich der Nähmaschine zusammennähen. Falls das Material stark ausfranst, sollten Sie die Kanten mit Zickzackstich versäubern. Die Mütze wenden.

TIPP Bei dünneren Strickstoffen, deren Kanten sich nach dem Ausschneiden einrollen und das Nähen schwierig machen, zeichnen Sie den Schnitt ohne Nahtzugabe auf den auf links gewendeten Pullover und nähen die beiden Lagen entlang der aufgezeichneten Kontur zusammen. Nun die Teile mit 1 cm Nahtzugabe ausschneiden und die Kanten bei Bedarf mit Zickzackstich versäubern.

HANDSCHUHE

1... Zunächst ein Papierschnittmuster anfertigen. Dazu entweder die Kontur eines passenden Handschuhs (Fäustling) auf Papier abzeichnen oder eine Hand flach auf Papier legen und die Handschuhform mit etwas Abstand drumherum zeichnen. Das Schnittmuster ausschneiden.

2... Den Pullover auf links wenden. Das Schnittmuster 2x (1x gegengleich) auf den Stoff übertragen, dabei das Pulloverbündchen jeweils als Bündchen für den Handschuh verwenden.

TIPP Sie können die Handschuhe auch aus den Ärmeln zuschneiden. Alternativ schneiden Sie sie aus dem oberen Teil des Pullovers zu, trennen in einem zweiten Arbeitsschritt die Ärmelbündchen vom Pullover ab und nähen sie an die Handschuhkanten.

3... Die Stofflagen entlang der aufgezeichneten Konturen mit Stecknadeln fixieren. Die Nähte schließen. Nun die Handschuhe mit 1 cm Nahtzugabe ausschneiden. Die Kanten gegebenenfalls mit Zickzackstich versäubern. Die Handschuhe wenden.

SCHAFSKOSTÜM

An diesen Fernsehauftritt erinnere ich mich so gerne! Zusammen mit Jens Hübschen hatte ich viel Spaß, diese Idee aus weißem Teddyplüsch vorzustellen. Sie brauchen lediglich noch einen schwarzen Rollkragenpulli und schwarze Leggings oder Jeans und fertig ist das Schaf!

GRÖSSE

Mütze:

- Kopfumfang 46–64 cm (Erwachsene)
- Kopfumfang 34–48 cm (Baby/ Kleinkind)

Die Angaben für die einzelnen Größen sind durch Schrägstriche getrennt.
Oberteil: individuell

MATERIAL

OBERTEIL

- Teddyplüsch in Lammfelloptik in Naturweiß, Verbrauch je nach Größe mithilfe des jeweiligen Schnittmusters ermitteln
- gut passendes T-Shirt für den Schnitt
- farblich passendes Nähgarn
- Jerseynadel für die Nähmaschine
- Packpapier
- Lineal
- Bleistift
- Schere

MÜTZE

- Teddyplüsch in Lammfelloptik in Naturweiß, 80 cm x 25 cm / 60 cm x 20 cm
- Nicki-, Fleece-, oder Sweatshirtstoff in Schwarz, 35 cm x 25 cm / 30 cm x 15 cm
- Füllwatte
- farblich passendes Nähgarn
- Jerseynadel für die Nähmaschine

SCHNITTMUSTER-BOGEN A

NAHTZUGABEN

Mütze, Ohren und Schwanz mit 1 cm Nahtzugabe zuschneiden. Schulter- und Seitennaht am Oberteil mit 1 cm Nahtzugabe zuschneiden, Halsausschnitt, Armlöcher und Saum ohne Nahtzugabe zuschneiden.

ZUSCHNITT

Die Markierungen vom Schnittmuster auf die Schnittteile übertragen.

Teddyplüsch

- 4x Mütze
- 2x Schwanz gegengleich
- 1x Vorderteil
- 1x Rückenteil

Nickistoff in Schwarz

- 4x Ohr, je 2x gegengleich

SCHNITTMUSTER FÜR DAS OBERTEIL ERSTELLEN

HINWEIS Das Schnittmuster für das Oberteil wird anhand eines passenden T-Shirts erstellt. Alternativ können Sie auch einen Fertigschnitt für ein einfaches, nicht zu enges ärmelloses Oberteil verwenden.

1... Eine senkrechte, ca. 80 cm lange Linie mittig auf das Packpapier zeichnen. Das Shirt glatt und mittig auf die Linie legen. Den Verlauf von Schulternaht, Seitennaht und Saum einseitig abzeichnen.

2 ... Den Verlauf des vorderen und rückwärtigen Halslochs und des Armausschnittes mithilfe einer Stecknadel auf das Papier „sticheln“.

3 ... Die Linien anschließend mit Bleistift nachzeichnen. Achten Sie darauf, dass die Halsausschnittlinien die senkrechte Mittellinie im rechten Winkel schneiden.

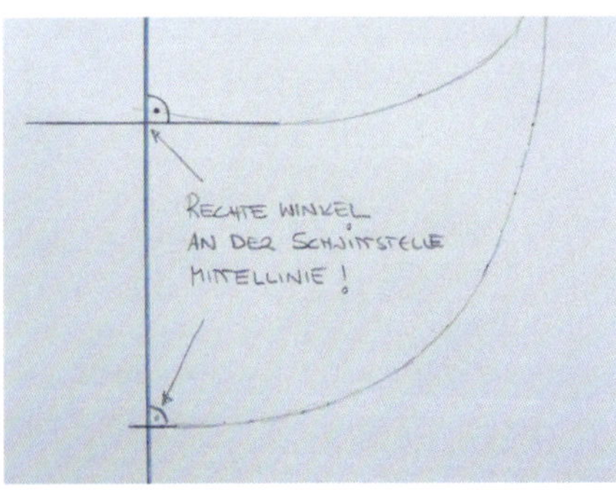

4 ... Den Schnitt entlang der senkrechten Linie in der Mitte falten und ausschneiden. Den Halsausschnitt sowohl entlang des vorderen als auch des rückwärtigen Halslochs ausschneiden.

5 ... Das Schnittmuster zum Zuschneiden von Vorder- und Rückenteil jeweils auf den Stoff legen, beim Zuschnitt des Rückenteils den rückwärtigen Halslochverlauf mit anstecken oder mit Klebeband an dem Schnittmuster fixieren.

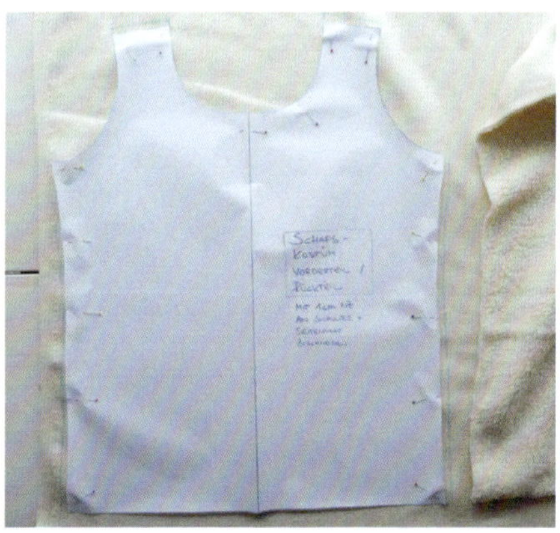

TIPP Wenn Sie etwas Schnitterfahrung besitzen, können Sie den Schnitt für das Oberteil beliebig verlängern, die Seitennähte ausstellen, um das Oberteil als Kleid oder Tunika zu tragen, oder die Seiten nach außen runden, damit das Kostüm „bauchiger“ wird.

OBERTEIL

1 ... Vorder- und Rückenteil rechts auf rechts legen. Die Schulter- und Seitennähte schließen.

2 ... Halsausschnitt, Armausschnitte und Saum mit einem dehnbaren Stich (Zickzackstich oder Stretchstich) versäubern.

3... Die Schnittteile für den Schwanz rechts auf rechts heften und bis auf die obere kurze Kante zusammennähen.

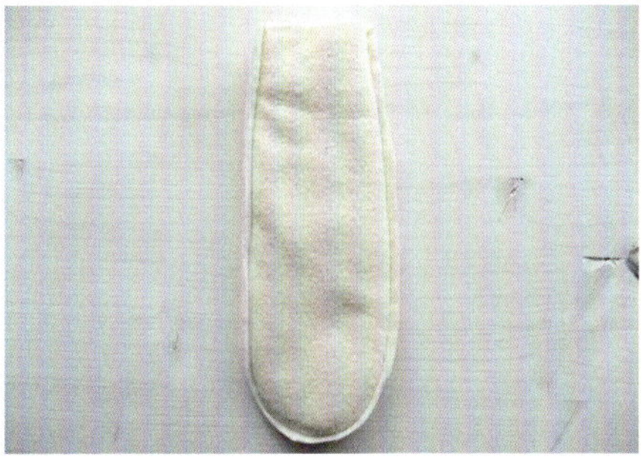

4... Die Nahtzugaben zurückschneiden. Den Schwanz auf rechts wenden und mit etwas Füllwatte ausstopfen. Die obere Kante 1 cm nach innen einklappen.

5... Das Schwänzchen von Hand oder mit der Nähmaschine am Rückteil auf passender Höhe festnähen.

MÜTZE

1... Je zwei Mützenteile an einer Seitennaht rechts auf rechts legen und zusammensteppen.

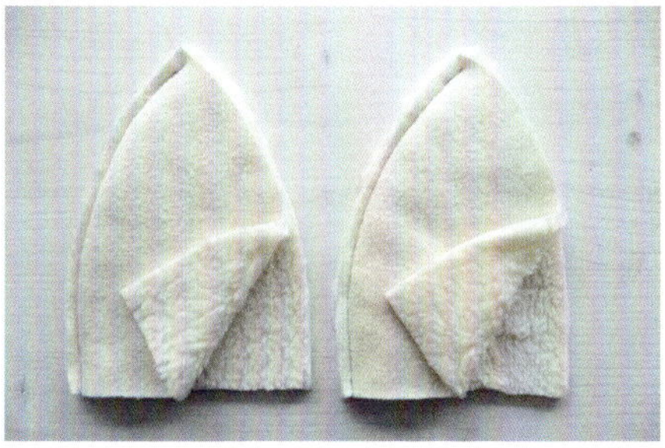

Dabei an der Spitze nur bis zur Nahtzugabe steppen. Nahtanfang und -ende mit Rückstichen sichern. Die Nahtzugaben auf 5 mm zurückschneiden.

2... Die zwei Mützenhälften rechts auf rechts heften und zusammensteppen. Die Nahtzugaben auf 5 mm zurückschneiden.

3... Die untere Mützenkante mit einem dehnbaren Stich (Zickzackstich oder Stretchstich) versäubern.

4... Die Schnittteile für die Ohren jeweils rechts auf rechts heften und bis auf die obere kurze Kante zusammennähen.

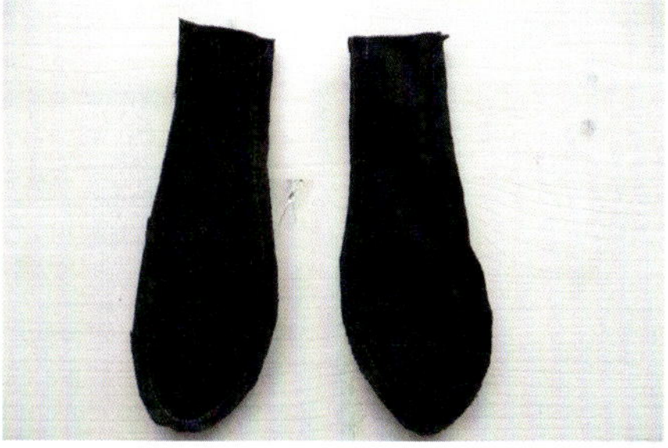

5... Die Ohren auf rechts wenden und mit etwas Füllwatte ausstopfen. Die obere Kante 1 cm nach innen klappen.

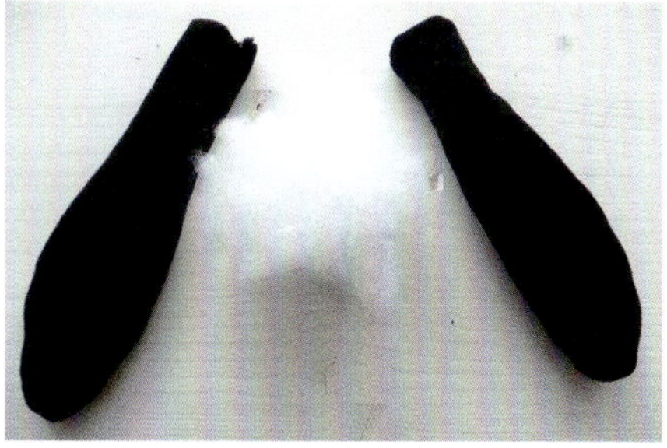

6... Die Mütze aufsetzen und die Position der Ohren festlegen. Die Ohren von Hand oder mit der Nähmaschine annähen.

CHILL
MAL!

Wohnraum & Dekorationen

OSTERBEUTELCHEN

Die süßen Beutelchen mit den lustigen Hasenohren und dem Bommelschwänzchen eignen sich perfekt, um kleine Ostergeschenke oder Naschereien zu verpacken.

GRÖSSE

Groß 10 cm x 13 cm x 7 cm

Klein 7 cm x 9 cm x 5 cm

Die Angaben für die einzelnen Größen sind durch Schrägstriche getrennt.

MATERIAL

- Außenstoff: unifarbener Baumwoll- oder Leinenstoff, 40 cm x 40 cm / 30 cm x 30 cm
- Innenstoff: gemusterter Baumwoll- oder Leinenstoff, 40 cm x 40 cm / 30 cm x 30 cm
- Pompon in Weiß, ø 20 mm
- farblich passendes Nähgarn

SCHNITTMUSTER-BOGEN B

NAHTZUGABEN

Die Schnittteile rundum mit 1 cm Nahtzugabe zuschneiden.

ZUSCHNITT

Die Markierungen vom Schnittmuster auf die Schnittteile übertragen.

Außenstoff
- 2x Osterbeutelchen

Innenstoff
- 2x Osterbeutelchen

ANLEITUNG

1 ... Je ein Schnittteil aus Außenstoff und aus Innenstoff rechts auf rechts legen und die Teile entlang der oberen Kanten und der Ohren zusammennähen.

TIPP Sie können ein Schnittteil aus Außenstoff vor dem Zusammennähen mit einer Applikation verzieren oder einen Namen aufsticken.

2 ... Die Nahtzugaben auf ca. 5 mm zurückschneiden, in den Rundungen v-förmig einschneiden und an den Ohrenspitzen abschrägen.

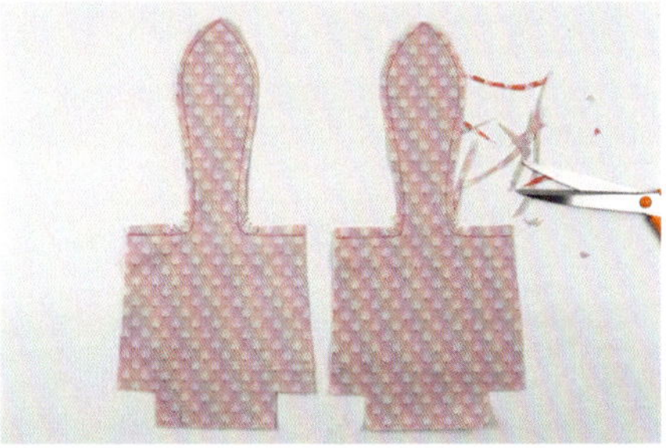

3 ... Die Teile auf rechts wenden, die Ohren mithilfe eines kleinen Borstenpinsels oder einer Stricknadel ausformen. Die Nahtzugaben der oberen Kanten auseinanderbügeln.

4... Die Beutelteile auseinanderziehen und so aufeinanderheften, dass Außen- und Innenstoff jeweils rechts auf rechts aufeinanderliegen. Die Ohren liegen zwischen den Schichten, man klappt sie dabei am besten zusammen, damit sie nicht in die Nähte ragen.

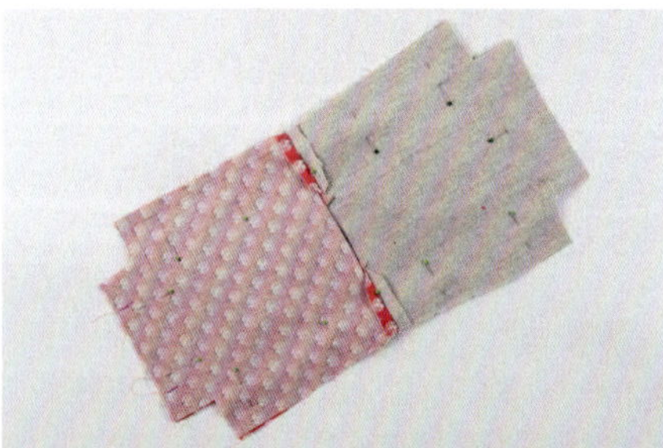

5... Die Seitennähte und die Bodennaht schließen, dabei die inneren Ecken aussparen und am Innenboden eine Wendeöffnung lassen. Die Nahtzugaben auseinanderbügeln.

6... Die Stofflagen auseinanderziehen, die Kanten der inneren Ecken an den Böden bündig aufeinanderlegen und heften.

7... Die Kanten zusammennähen. Die Nahtzugaben auf 5 mm zurückschneiden.

8... Das Beutelchen durch die Wendeöffnung auf rechts wenden und die Kanten rundum aufeinanderbügeln. Die Wendeöffnung knappkantig schließen.

9... Die Beutelteile ineinanderschieben. Den Pompon von Hand an die Rückseite nähen.

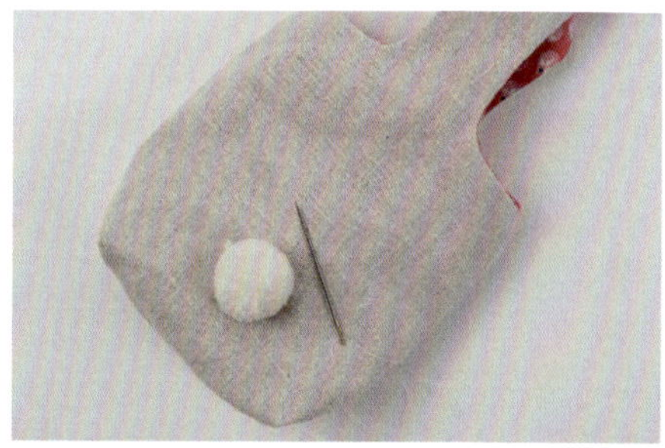

10... Die Ohren nach dem Befüllen des Beutels verknoten.

DEKO-EICHHÖRNCHEN

Diese süßen Eichhörnchen ergänzen wunderbar Ihre herbstliche Deko. Die putzigen Waldbewohner sind schnell genäht und eignen sich prima, um Stoffreste zu verwerten.

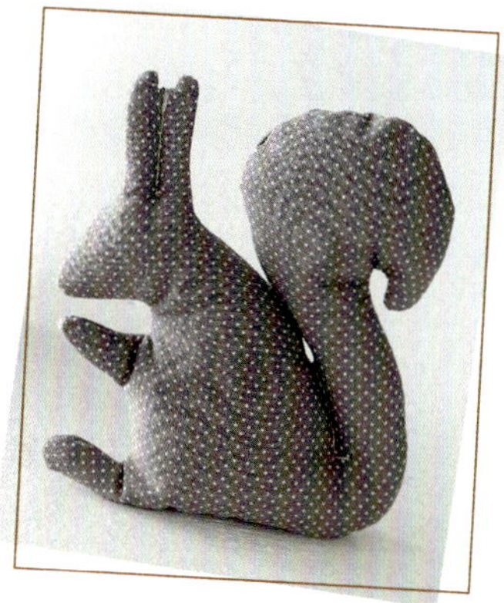

GRÖSSE

Groß 16 cm x 18 cm

Klein 11 cm x 13 cm

Die Angaben für die einzelnen Größen sind durch Schrägstriche getrennt.

MATERIAL

- gemusterter Baumwollstoff, 50 cm x 25 cm / 35 cm x 20 cm
- Stoffrest (Füllsäckchen), 28 cm x 12 cm / 20 cm x 9 cm
- Volumenvlies zum Aufbügeln, 50 cm x 25 cm / 35 cm x 20 cm
- farblich passendes Nähgarn
- Füllwatte
- 4–5 EL / 2–3 EL Dekosand oder Traubenkerne
- Wickeldraht, ø 0,8 mm, 1,80 m
- Malerkrepp oder Klebeband
- Borstenpinsel oder Stricknadel

SCHNITTMUSTER-BOGEN A

NAHTZUGABEN UND ZUSCHNITT

Das Schnittmuster enthält keine Nahtzugabe. Die Eichhörnchenform wird mithilfe einer Schnittschablone genäht. Dazu das Schnittmuster auf Papier übertragen und ausschneiden. Wenn Sie mehrere Eichhörnchen nähen möchten, können Sie das Schnittmuster auf Pappe übertragen.

ANLEITUNG

1... Baumwollstoff und Volumenvlies in zwei gleich große Rechtecke schneiden. Die Vlieseinlage passgenau auf die linke Stoffseite der Baumwollrechtecke bügeln. Die Rechtecke rechts auf rechts legen, sodass die Baumwollstofflagen innen und die Volumenvliesteile außen liegen. Die Schnittschablone mit Stecknadeln darauf festheften.

2... Einen Geradstich mit kurzer Sticheinstellung (ca. 1,5 mm) wählen und die Kontur des Eichhörnchens entlang der Schablone nachsteppen. Dabei an der Wendeöffnung am Boden beginnen und enden, Nahtanfang und -ende mit Rückstichen sichern. An sehr engen Rundungen den Stich noch kürzer einstellen und gegebenenfalls die Nährichtung anpassen, indem Sie die Nadel im Stoff stecken lassen, das Nähmaschinenfüßchen heben, das Nähgut neu ausrichten, das Nähmaschinenfüßchen wieder senken und weiternähen.

3... Die Nahtzugaben rundum auf 2 mm zurückschneiden, dabei sorgfältig darauf achten, nicht in die Naht zu schneiden. An der Wendeöffnung die Nahtzugaben nicht zurückschneiden.

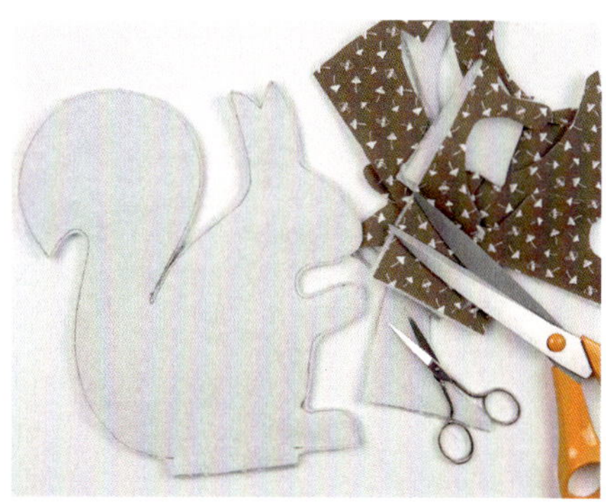

4... Das Eichhörnchen auf rechts wenden. Zuerst den Schwanz, dann die Beine, den Kopf und anschließend die Ohren mithilfe eines kleinen Borstenpinsels oder einer Stricknadel ausformen.

5... Die Steppnähte an den Ohren und am Rücken mit Markierstift oder Markierkreide einzeichnen und mit Geradstich nachnähen, dabei Nahtanfang und -ende mit Rückstichen sichern.

6... Das Eichhörnchen mit Füllwatte ausstopfen, dabei im Bauchraum Platz für das Füllsäckchen lassen. Hilfreich sind hier Borstenpinsel in unterschiedlichen Größen, mit denen man passende Portionen Füllwatte in den Schwanz, die Ohren, den Kopf und die Beine schieben kann, so bekommt man ein gleichmäßiges Ergebnis.

7... Den Wickeldraht doppeln und die Stränge miteinander verdrehen. Die Enden mit etwas Malerkrepp oder Klebeband umwickeln. Den Draht so formen, dass er sich von einem Ohr über den Fuß und bis zum Schwanz spannt. Dabei den Draht am Ohr und Fuß zu einer Schlaufe verdrehen. Den Draht anschließend durch die Wendeöffnung in das Eichhörnchen schieben und positionieren.

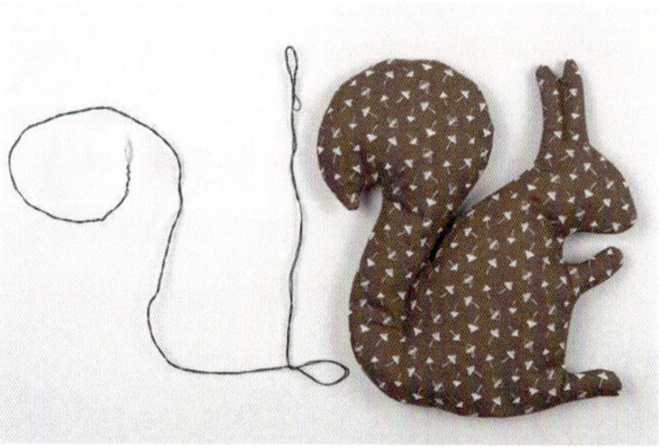

8... Für das Füllsäckchen das Stoffstück quer rechts auf rechts falten und die Seitennähte mit Geradstich schließen.

9... Das Säckchen wenden und mit Dekosand befüllen.

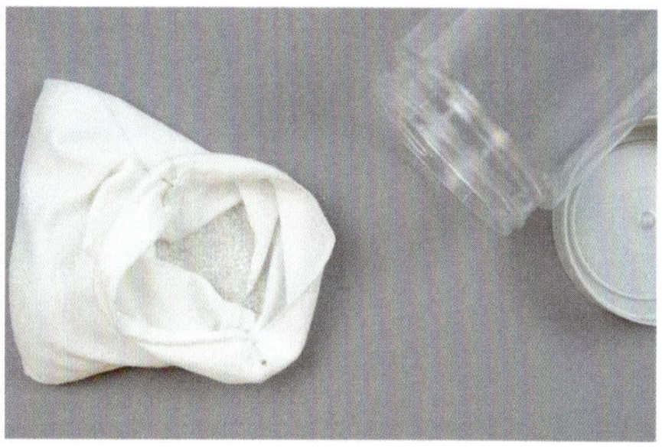

10... Die offenen Kanten mit Geradstich schließen.

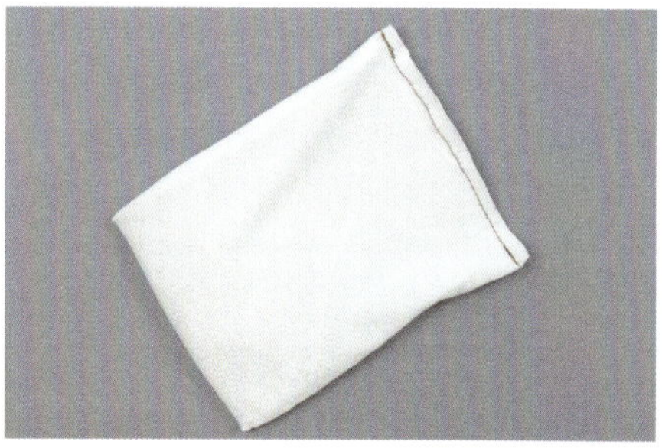

11... Das Füllsäckchen durch die Wendeöffnung in das Eichhörnchen schieben. Die Nahtzugaben an der Wendeöffnung nach innen klappen und die noch offenen Kanten mit Überwendlingsstich schließen.

KISSEN MIT SCHRIFTZUG

UP cycling

Nachhaltig und superindividuell: Aus einem abgelegten Hemd oder einer Bluse entsteht ein cooles Kissen mit Schriftzug.

GRÖSSE

Die Größe der Kissenhülle richtet sich einerseits nach der Größe des Hemds oder der Bluse und andererseits nach den gängigen Größen für Füllkissen. Aus großen Herrenhemden können Sie Kissenhüllen bis zu einer Größe von 50 cm x 50 cm nähen, während ein Bezug aus kleinen Blusen maximal 40 cm x 40 cm groß ausfällt. Natürlich können Sie sich auch für eine rechteckige Form entscheiden.

MATERIAL

- Kissenstoff: abgelegtes Hemd oder Bluse
- Applikationsstoff: alte Jeans oder Stoffreste
- doppelseitiges Klebevlies für Applikationen (z. B. Vliesofix)
- Jeansnähgarn (oder Ziergarn in Stärke 60)
- farblich passendes Nähgarn
- Füllkissen in passender Größe (Tipp: erst nach dem Nähen kaufen, wenn die Größe klar ist)

SCHNITTMUSTER-BOGEN A

NAHTZUGABEN

Die Schnittteile für das Kissen rundum mit 1 cm Nahtzugabe zuschneiden. Die Applikationen werden ohne Nahtzugabe zugeschnitten.

ANLEITUNG

1... Vorder- und Rückenteil des Hemds flach aufeinanderlegen und zwei große Rechtecke entlang der Seiten- und Armlochnähte ausschneiden. Das können Sie relativ grob und bei doppelter Stofflage machen, es ist noch nicht wichtig, dass die Schnittlinie sauber verläuft. Hier geht es nur darum, dass nach dem Schneiden möglichst viel Stoff für den Kissenbezug vorhanden ist. Wenn das Hemd oder die Bluse schmal geschnitten ist, schneiden Sie gerade über den Ärmel nach oben, anstatt am Armloch entlang, und dann unterhalb des Kragens quer. Sollte das Hemd oder die Bluse Formabnäher besitzen, müssen diese vorsichtig mit einem Nahttrenner oder einer kleinen Schere aufgetrennt werden. Rücken- und Vorderteil anschließend glattbügeln.

2... Die Kissenrückseite aus dem Vorderteil von Hemd oder Bluse zuschneiden. Die Größe des Vorderteils entscheidet, wie groß das Kissen werden kann. Dazu ein Quadrat oder Rechteck in gängiger Kissengröße + 1 cm Nahtzugabe rundum mit Lineal und Schneiderkreide oder Markierstift auf die rechte Stoffseite aufzeichnen Für eine 40 cm x 40 cm große Kissenfüllung schneiden Sie beispielsweise ein 42 cm x 42 cm großes Quadrat zu.

Die Knopfleiste wird später die Öffnung im Kissenbezug. Sie muss nicht zwingend mittig verlaufen, je nach Kissengröße können Sie sie auch versetzen. Achten Sie nur darauf, dass die Knöpfe so liegen, dass sie mindestens 2 cm Abstand zur Stoffkante haben, damit sie beim Zusammennähen nicht auf der

home sweet home
CHILL MAL!
SILAS
beste MAMA

Naht sitzen oder mit dem Nähfüßchen kollidieren.

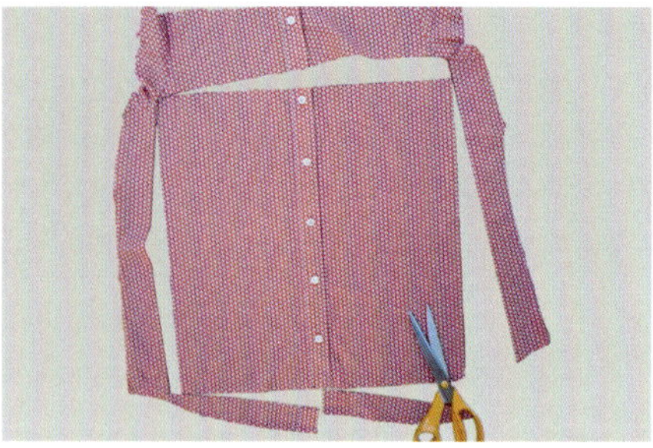

TIPP Sollte das Hemd eine Brusttasche besitzen, schneiden Sie das Schnittteil so zu, dass die Tasche unversehrt bleibt. Sie kann auf der Rückseite des Kissens als „Geheimtasche" verwendet werden – Kinder lieben dieses kleine Extra.

3... Die Kissenvorderseite aus dem Rückenteil des Hemds oder der Bluse zuschneiden. Dazu das vorhandene Schnittteil auflegen und als Schablone benutzen.

4... Nun geht es an den Entwurf des Schriftzugs. Wenn Sie freestyle arbeiten möchten, legen Sie sich ein großes Stück Papier auf die Kissenvorderseite und skizzieren den Schriftzug darauf. Alternativ können Sie die Applikationsmotive aus der Vorlage verwenden, passende Buchstaben im Internet suchen oder einen Schriftzug am PC erstellen und diesen in der passenden Größe ausdrucken.

TIPP Eckige Buchstaben sind einfacher zu applizieren als gerundete, weil nur gerade Strecken zu nähen sind.

5... Den Schriftzug als Schablone für die Applikation ausschneiden.

6... Klebevlies linksseitig auf ein Stück Jeansstoff bügeln. Den Schriftzug mithilfe der Schablone spiegelverkehrt auf das Trägerpapier übertragen.

7... Die Buchstaben ausschneiden, das Trägerpapier abziehen und den Schriftzug auf die Kissenvorderseite bügeln.

8... Die Buchstaben entlang der Kanten mit kontrastfarbigem Jeansnähgarn festnähen. Sie können dazu mit ca. 2 mm Abstand zur Kante mit Geradstich nähen. Die Kante franst dann nach dem Waschen ganz „jeanstypisch" und weich aus, was sehr schön aussieht. Alternativ können Sie die Kanten mit einem Zickzackstich abnähen.

9... Wenn Sie nicht bereits die am Hemd vorhandene Tasche nutzen konnten, können Sie nun eine „Geheimtasche" aus der abgelegten Jeans dafür wiederverwerten. Dazu eine Gesäßtasche grob mit 1,5 cm Abstand zu den Kanten aus der Jeans ausschneiden und linksseitig Klebevlies aufbügeln.

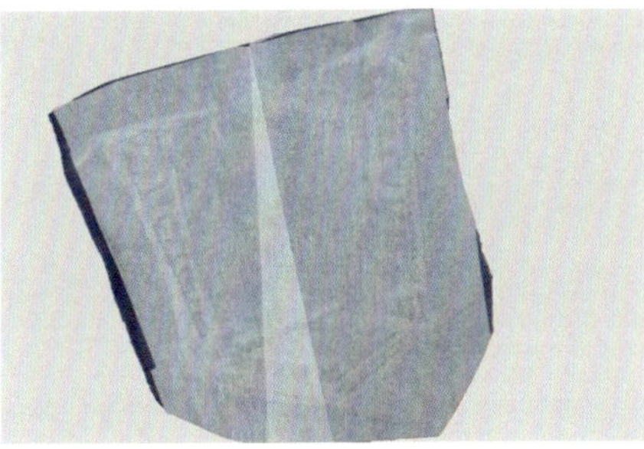

10... Die Tasche sauber rundum mit 1 cm Nahtzugabe ausschneiden. Das Trägerpapier abziehen und die Tasche auf die Kissenrückseite aufbügeln.

11... Die Tasche rundum feststeppen, dabei auf der einlagigen Nahtzugabe nähen, damit keine dicke Naht oder Niete in die Quere kommt. Als Führung für das Nähfüßchen eignet sich prima die Kante der Gesäßtasche.

12... Die Knopfleiste am Kissen seitlich durch alle Lagen mit einem kleinen Rechteck feststeppen, damit sie später nicht aufklafft.

13... Die Kissenteile rechts auf rechts legen und mit Geradstich und 1 cm Abstand zur Kante zusammennähen. Vor jeder Ecke etwas langsamer nähen, die Nadel genau im Eckpunkt im Stoff stecken lassen (gegebenenfalls mit dem Handrad arbeiten), den Nähfuß anheben, den Stoff neu ausrichten, den Nähfuß wieder senken und weiternähen. Das Nahtende mit Rückstichen sichern.

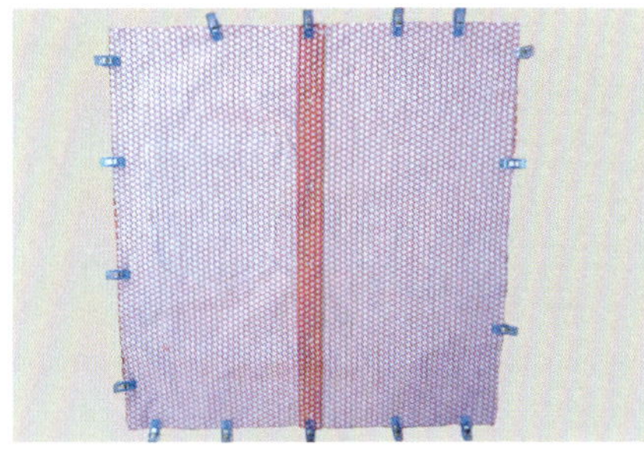

14... Die Nahtzugaben an den Ecken schräg zurückschneiden. Die übrigen Nahtzugaben mit der Zickzackschere zurückschneiden (rotes Kissen) oder mit Zickzackstich (blaues Kissen) versäubern.

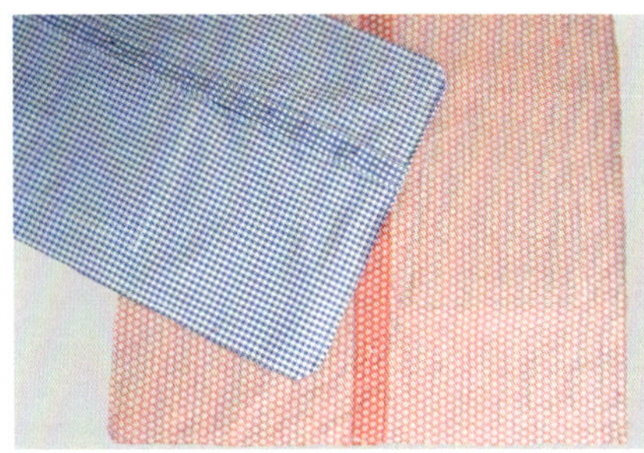

15... Den Kissenbezug durch die Knopfleiste auf rechts wenden und die Ecken sorgfältig ausformen. Füllkissen in den Bezug stecken und fertig ist Ihr individuelles Upcycling-Namenskissen!

HAND
MADE

HERBSTLICHE TASSENTEPPICHE

EASY Modell

„Mug Rugs" - so nennt man kleine, dekorative Tassenteppiche. Sie verhindern unschöne Ränder auf Möbeln, die durch das Abstellen von Tassen, Gläsern oder Bechern entstehen können. Natürlich können Sie die hübschen Herbstblätter auch als größere Topfuntersetzer nähen oder auch einfach nur als herbstliche Tischdeko einsetzen.

GRÖSSE

Eiche 13 cm x 14 cm

Birke 13 cm x 16 cm

Buche 12 cm x 18 cm

MATERIAL

(FÜR 1 TASSENTEPPICH)

- Leinen- oder Baumwollstoff, 30 cm x 20 cm
- einseitig aufbügelbares Volumenvlies, 3–6 mm stark, 30 cm x 20 cm
- Waschpapier, Webband, Korkstoff oder Kunstleder, 1,5 cm x 4,5 cm (optional)
- Kordel in passendem Farbton, ø 5 mm, 10 cm
- kleiner Zierknopf (optional)
- farblich passendes Nähgarn
- Nähgarn in Kontrastfarbe

SCHNITTMUSTER-BOGEN A

TIPP Für Topfuntersetzer das Schnittmuster am Kopierer vergrößern und hitzebeständiges Thermovlies anstelle von Volumenvlies verwenden.

NAHTZUGABEN UND ZUSCHNITT

Die Schnittmuster enthalten keine Nahtzugabe. Die Blattform wird mithilfe einer Schablone aufgezeichnet und nachgenäht. Dazu das jeweilige Schnittmuster auf dickeres Papier oder auf Pappe übertragen.

ANLEITUNG

1... Leinenstoff und Volumenvlies jeweils in zwei 20 cm x 15 cm große Rechtecke schneiden. Das Volumenvlies jeweils passgenau auf die linke Stoffseite der Stoffrechtecke bügeln.

2... Die Rechtecke rechts auf rechts legen, sodass die Baumwollstofflagen innen und die Volumenvliesteile außen liegen. Die Blattform mit Markierstift und mithilfe der Papierschablone aufzeichnen. Die Wendeöffnung markieren.

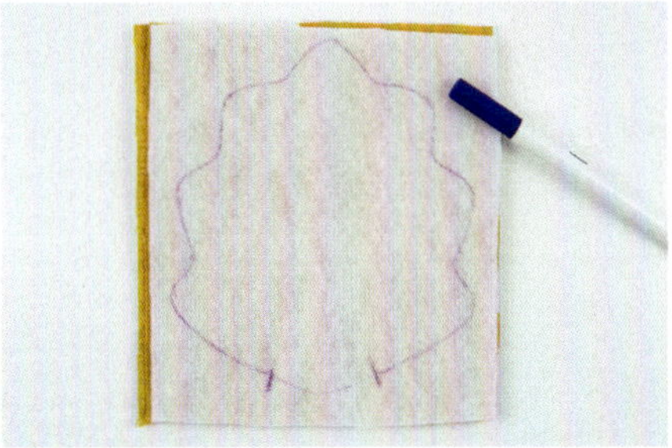

3... Die Kontur entlang der Linie mit Geradstich mit kurzer Sticheinstellung (1,5–2 mm) nachsteppen. Dabei an der Wendeöffnung an der Blattunterkante beginnen und enden. Nahtanfang und -ende mit Rückstichen sichern. An engen Rundungen gegebenenfalls die Nährichtung anpassen, indem Sie die Nadel im Stoff stecken lassen, das Nähmaschinenfüßchen heben, das Nähgut neu ausrichten, das Nähmaschinenfüßchen wieder senken und weiternähen.

4... Das Blatt mit 2 mm Abstand zur Naht ausschneiden, dabei sorgfältig darauf achten, nicht in die Naht zu schneiden. An der Wendeöffnung ca. 1,5 cm Nahtzugabe stehen lassen.

5... Das Blatt auf rechts wenden. Die Rundungen und Spitzen mithilfe eines kleinen Borstenpinsels oder einer Stricknadel ausformen. An der Wendeöffnung die Nahtzugaben nach innen einschlagen und die Kanten glattbügeln.

6... Die Kordel zur Hälfte legen und so in die Mitte der Wendeöffnung heften, dass eine 3 cm lange Schlaufe sichtbar bleibt.

7... Die Wendeöffnung mit farblich passendem Garn knappkantig schließen, dabei die Schlaufe mitfassen.

8... Die Stepplinien für die Blattstruktur mit Schneiderkreide oder Markierstift aufzeichnen.

9... Die Markierungen doppelt mit Geradstich (2,5 mm) und Garn in Kontrastfarbe absteppen. Dabei an der Blattunterkante beginnen, den Nahtbeginn mit Rückstichen sichern und zuerst die Mittelrippe bis zur Blattspitze steppen. Anschließend die Nadel mit dem Handrad in den Stoff drehen, das Nähmaschinenfüßchen heben, das Nähgut um 180 Grad wenden und das Füßchen wieder senken. Entlang der Mittelrippe bis zur ersten „Kreuzung" an der obersten Blattader steppen. Dort die Nadel wieder in den Stoff drehen, das Füßchen heben, Nähgut in Richtung der Blattader wenden und das Füßchen wieder senken. Weitersteppen bis zum Ende der Ader. Hier die Nadel erneut in den Stoff drehen, Füßchen heben, Nähgut um 180 Grad wenden, Füßchen senken und bis zur Mittelrippe zurücksteppen. Weitersteppen bis zur gegenüberliegenden Aderspitze, wo sich der beschriebene Vorgang wiederholt. In dieser Technik die gesamte Blattstruktur absteppen, bis Sie wieder an der Blattunterkante angekommen sind. Dort das Nahtende mit Rückstichen sichern.

10... Zum Schluss nach Wunsch einen Streifen aus Waschpapier oder Webband als Label über dem unteren Rand annähen und einen kleinen Knopf als Zierelement anbringen.

ROTKEHLCHEN AUS WOLLFILZ

Rotkehlchen sind eine tolle herbstliche Dekoration für zu Hause. Hier zeige ich Ihnen, wie Sie die sympathischen Gartenbewohner aus Filz selber nähen können.

GRÖSSE

Klein 6 cm x 4 cm

Mittel 8 cm x 6 cm

Groß 10 cm x 8 cm

MATERIAL

- Wollfilz, Bastelfilz oder Stickfilz in Braun oder Dunkelgrau, Rot und Weiß, 1,5 mm stark, Reste
- Moosgummi in Schwarz, Rest
- Füllwatte oder Füllflocken
- 2 Perlen zum Aufnähen oder Aufkleben in Schwarz, ø 3–4 mm
- farblich passendes Nähgarn
- Trickmarker oder Kreidestift
- Papier oder Pappe
- Füllgranulat oder Traubenkerne (für sitzende Rotkehlchen)

SCHNITTMUSTER-BOGEN A

NAHTZUGABEN

Die Schnittmuster enthalten 2 mm Nahtzugabe, alle Teile werden knappkantig aufeinander- bzw. aneinandergenäht.

ZUSCHNITT

Der Zuschnitt der Schnittteile erfolgt während der Verarbeitung mithilfe von Schnittschablonen. Übertragen Sie dazu die Schnittteile zunächst auf Papier oder Pappe

ANLEITUNG

HINWEIS Achten Sie darauf, dass Sie die Arbeitsschritte bis Schritt 7 immer gegengleich ausführen, sodass Sie zwei gegengleiche Körperschnittteile erhalten.

1... Den Rücken zweimal gegengleich mit Trickmarker oder Kreidestift auf zwei braune oder dunkelgraue Filzstücke (je ca. 9 cm x 9 cm / 11 cm x 11 cm / 13 cm x 13 cm) übertragen.

2... Jeweils die untere Rundung entlang der Markierung ausschneiden.

3... Zwei weiße Filzstücke (je 6 cm x 6 cm / 7 cm x 7 cm / 8 cm x 8 cm) unter die Rückenteile heften und die Kontur der Hinterteile aufzeichnen.

4... Die braunen Filzstücke knappkantig entlang der unteren Rundung auf die weißen Filzstücke nähen, dabei nicht über die angezeichneten Schnittlinien steppen und die Nähte mit Rückstichen verriegeln.

5... Die Hinterteile entlang der Markierungen ausschneiden. Auf der Rückseite knapp entlang der Naht ausschneiden.

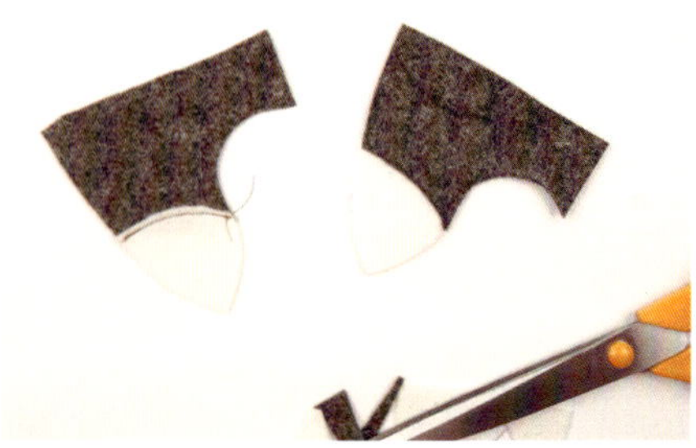

6... Zwei rote Filzstücke (je 6 cm x 6 cm / 7 cm x 7 cm / 8 cm x 8 cm) unter die Rückenteile heften und jeweils die Konturen des Bauchs aufzeichnen.

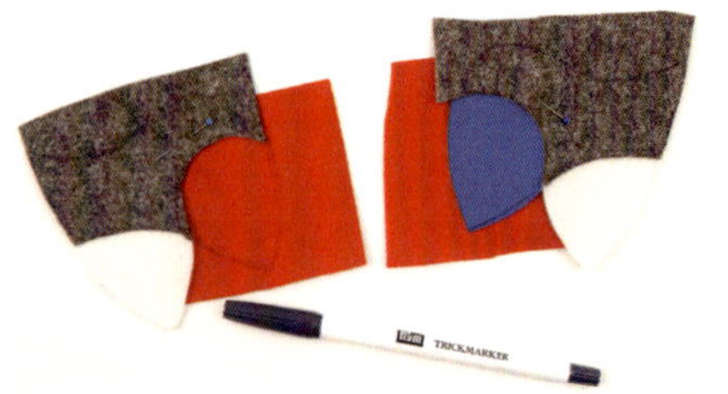

7... Die braunen Filzstücke knappkantig entlang der Rundung auf die roten Filzstücke nähen, dabei nicht über die angezeichneten Schnittlinien steppen und die Nähte mit Rückstichen verriegeln.

8... Die Bauchteile entlang der Markierungen ausschneiden. Auf der Rückseite knapp entlang der Naht ausschneiden. Die Körper links auf links legen und heften.

9... Den Schnabel aus Moosgummi zuschneiden und zwischen die Stofflagen schieben. Die obere und vordere sowie die hintere Kante ab der Markierung für die Füllöffnung am Schwanz knappkantig steppen, dabei den Schnabel mitfassen. Die Nähte mit Rückstichen sichern.

10... Die Stofflagen auseinanderziehen und an der unteren, noch offenen Kante so aufeinanderlegen, dass die beiden Nähte aufeinandertreffen. Die Kanten mit Stecknadeln fixieren und zusammennähen.

11... Das Rotkehlchen mit Füllwatte ausstopfen. Wenn das Rotkehlchen „sitzen" soll, zunächst den Körper zu zwei Dritteln mit Füllgranulat oder Traubenkernen füllen und anschließend Kopf und Rückenbereich mit Füllwatte ausstopfen.

12... Die Füllöffnung von Hand mit feinen Handstichen schließen.

13... Zwei Perlen als Augen annähen.

14... Wenn das Rotkehlchen hängen soll, von Hand einen Aufhängefaden am Rücken einziehen und zur Schlaufe verknoten.

LICHTHÄUSCHEN

UP cycling

Die Häuschen mit den schmucken Treppengiebeln, wie sie noch heute in alten Stadtteilen zu bewundern sind, schaffen ein warmes Leuchten in der dunklen Jahreszeit und helfen auch dabei, altes Leinen neu zu verwerten.

GRÖSSE

Klein (Kreis) 11,5 cm x 13 cm x 7 cm

Mittel (Stern) 13 cm x 16,5 cm x 7 cm

Groß (Herz) 11 cm x 17,5 cm x 7 cm

Die Angaben für die einzelnen Größen sind durch Schrägstriche getrennt.

MATERIAL

- Leinen- oder Baumwollstoff in Weiß, 30 cm x 30 cm / 40 cm x 40 cm / 40 cm x 40 cm
- stabile Bügeleinlage in Weiß, 30 cm x 30 cm / 40 cm x 40 cm / 40 cm x 40 cm
- Zackenlitze in Weiß, 10 mm breit, 15 cm / 30 cm / 25 cm
- Nähgarn in Weiß
- Strasssteine zum Aufbügeln
- festes Papier oder Pappe für die Schablonen
- Trickmarker
- batteriebetriebene LED-Lichterkette oder LED-Teelicht
- einfaches Einmachglas, ø 8 cm, 8 cm hoch (optional)

SCHNITTMUSTER-BOGEN A

NAHTZUGABEN

Die Schnittteile ohne Nahtzugabe zuschneiden.

ZUSCHNITT

Der Zuschnitt des treppenförmigen Giebels und der Fenster der Häuschen erfolgt während der Verarbeitung mithilfe einer Schnittschablone. Übertragen Sie dazu die Frontseite des Häuschens auf festes Papier oder Pappe und schneiden es aus.

Leinen- oder Baumwollstoff in Weiß
- 1x kreuzförmiger Hauszuschnitt

Bügeleinlage
- 1x kreuzförmiger Hauszuschnitt

ANLEITUNG

1 ... Die Bügeleinlage passgenau auf die linke Stoffseite des Stoffzuschnitts bügeln.

2 ... Die Kontur des Treppengiebels und die Fensteröffnungen mit Schablone und Trickmarker auf den Stoff übertragen, aber noch nicht ausschneiden.

3 ... Den Giebel und die Fensteröffnungen mit eng eingestelltem Zickzackstich (Stichbreite 4 mm, Stichlänge 0,5 mm) nachnähen, dabei mittig über der Markierung nähen. Die oberen Kanten der Seitenteile und der Rückwand mit demselben Zickzackstich versäubern. Nahtanfänge und -enden jeweils mit einigen kurzen Geradstichen verriegeln.

4 ... Die Giebel und die Fensteröffnungen entlang der Zickzacknähte ausschneiden, dabei die Nähte nicht beschädigen.

5 ... Die Linien, an denen das Litzenband aufgenäht werden soll, mit Trickmarker auf die rechte Hausseite zeichnen.

6 ... Das Litzenband mittig mit Geradstich aufsteppen und die Strasssteine aufbügeln.

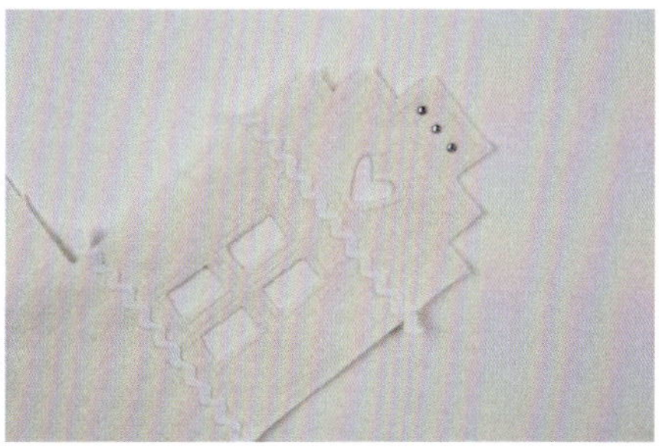

7 ... Die Seitenkanten des Häuschens rechts auf rechts heften und mit 7 mm Abstand zur Kante zusammensteppen. Nahtanfänge und -enden jeweils mit einigen kurzen Geradstichen verriegeln.

8 ... Die Nahtzugaben auf 3 mm zurückschneiden und das Häuschen auf rechts wenden.

9 ... Alle Kanten, auch die Falzlinien am Boden sorgfältig aufeinanderbügeln und die Seitenkanten nochmals von rechts knappkantig absteppen.

10 ... LED-Lichterkette oder LED-Teelicht nach Wunsch in dem Einmachglas platzieren und das Glas in das Häuschen stellen, alternativ die LED-Beleuchtung ohne Glas in dem Häuschen platzieren.

TIPP Besonders schön sehen die Häuser aus, wenn das Glas an der Stelle der Fensteröffnungen mit Frost-Effekt-Farbe satiniert wird.

STEHKÖRBE AUS CANVAS

TREND Modell

Wenn Sie schon immer passende Behältnisse für Handarbeitssachen oder Kuscheltiere, Mützen und Schals, Wäsche oder anderes haben wollten, sind diese Körbe genau das Richtige. Sie bringen Farbe und Ordnung in den Raum und sind ein schöner Blickfang.

GRÖSSE

Groß 40 cm hoch, ø 35 cm

Mittel 35 cm hoch, ø 31 cm

Klein 26 cm hoch, ø 22 cm

Die Angaben für die einzelnen Größen sind durch Schrägstriche getrennt.

MATERIAL

(FÜR 1 KORB)

- schwerer Canvasstoff oder schwerer gewachster Canvasstoff, 140 cm breit, 1,30 m / 90 cm / 65 cm
- 2 Lederriemen oder Gurtband, 2,5 cm breit, 26 cm
- farblich passendes Nähgarn
- 8 Buchschrauben
- Lochzange
- Schlitzschraubendreher

SCHNITTMUSTER-BOGEN B

NAHTZUGABEN

Die Schnittteile enthalten bereits alle erforderlichen Nahtzugaben. Wenn nicht anders angegeben, beträgt die Nahtzugabe beim Nähen 1 cm.

ZUSCHNITT

Großer Korb
- 2x Korpus, 42 cm x 112 cm
- 2x Boden (ø 37 cm)

Mittlerer Korb
- 2x Korpus, 37 cm x 101 cm
- 2x Boden (ø 33 cm)

Kleiner Korb
- 2x Korpus, 28 cm x 71 cm
- 2x Boden (ø 24 cm)
- 1x Außentasche, 21 cm x 65 cm

ANLEITUNG

HINWEIS Gewachster Canvas darf nicht gebügelt, sondern nur gefalzt werden.

1... **Nur kleiner Korb:** Die Außentasche oben 3 cm auf links bügeln/falzen und den Umschlag mit Zickzackstich festnähen.

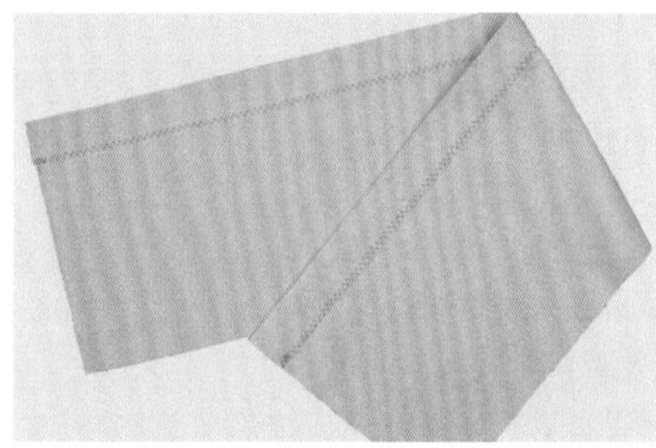

2... Die restlichen Nahtzugaben der Tasche auf links bügeln/falzen. Die Tasche mittig und 2,5 cm von der unteren Kante auf das Korpusteil für die Außenseite heften und knappkantig festnähen, dabei an den oberen Taschenkanten dreieckige Stabilisierungsnähte steppen.

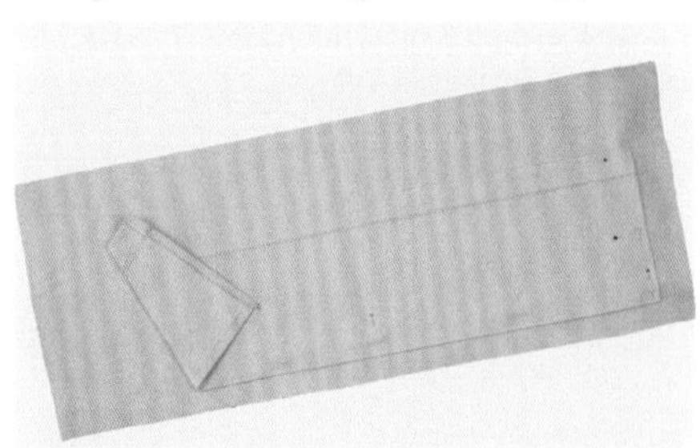

3... Senkrechte Teilungsnähte nach Wunsch an der Tasche anzeichnen und steppen. Die Nähte sorgfältig mit Rückstichen sichern.

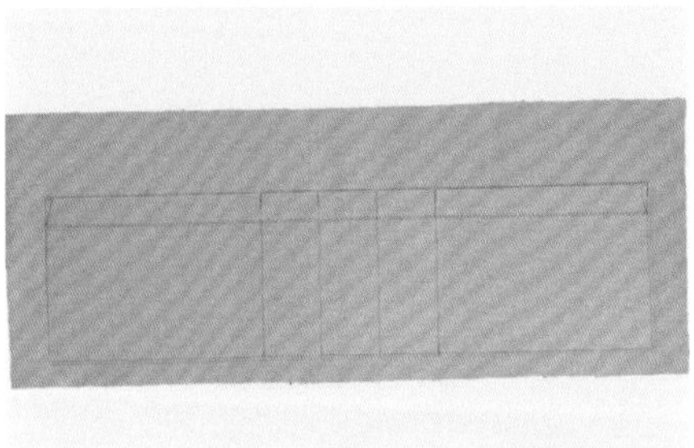

4... **Alle Körbe:** Jedes Korpusteil an den kurzen Kanten rechts auf rechts legen und zum Ring zusammennähen, dabei am Korpusteil für die Innenseite ca. 5 cm von der unteren Kante eine Wendeöffnung lassen (20 cm lang beim großen Korb, 18 cm beim mittleren und 15 cm beim kleinen). Die Nahtzugaben auseinanderbügeln/falzen.

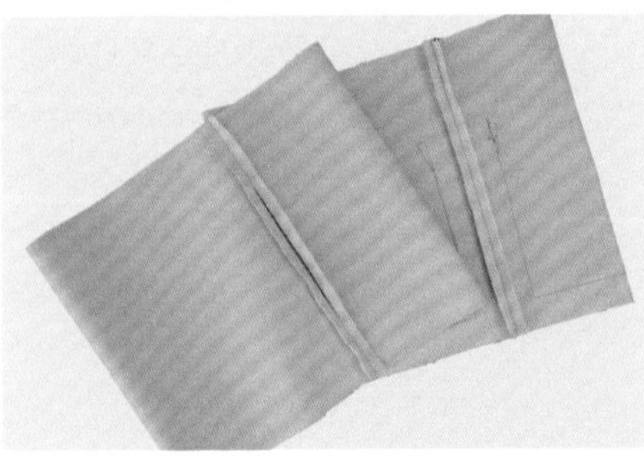

5... Die Unterkanten der Korpusteile und die Böden in Viertelstrecken einteilen

6... Jeweils ein Korpusteil mithilfe der Markierungen gleichmäßig rechts auf rechts an einen Boden heften. Dabei treffen die Viertelstreckenmarkierungen aufeinander.

7... Die Teile festnähen und die Nahtzugaben einschneiden.

8... Äußeres und inneres Korbteil rechts auf rechts ineinanderschieben, die Seitennähte treffen aufeinander. Die Teile an der Oberkante heften und zusammennähen.

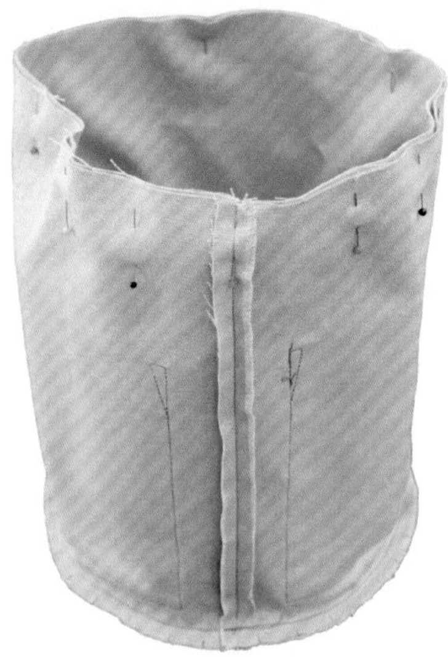

9... Die Korbteile auseinanderziehen und die Nahtzugaben auseinanderbügeln/falzen.

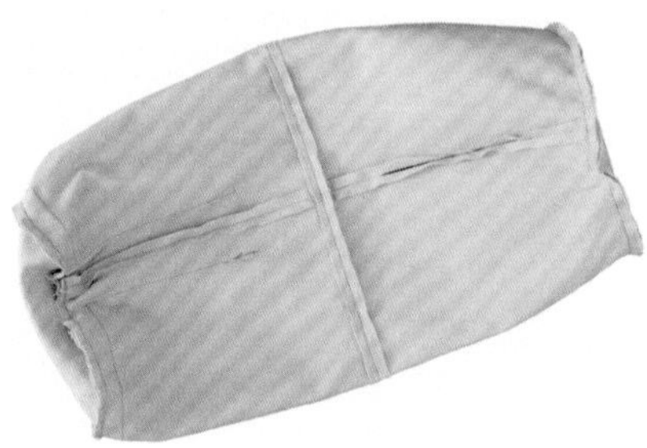

10... Den Korb durch die Wendeöffnung auf rechts wenden und die Öffnung knappkantig mit der Maschine oder mit kleinen Handstichen schließen. Die Teile links auf links ineinanderziehen.

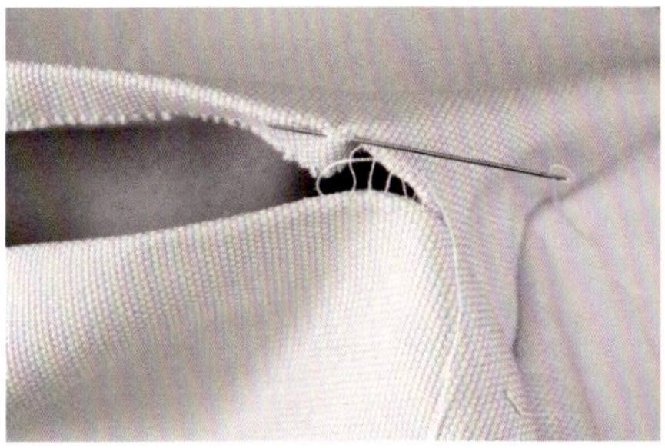

11... Die obere Kante ausformen, bügeln/falzen und die Stofflagen mit Stecknadeln fixieren.

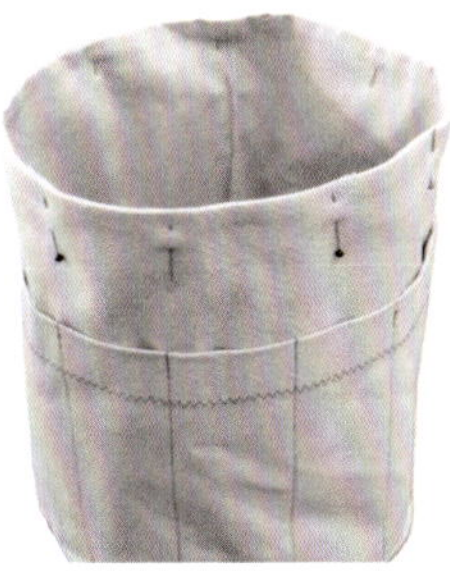

12... Die Kante rundherum mit 3 cm sowie mit 3,5 cm Abstand zum Rand absteppen.

13... An den Riemenenden mittig und im Abstand von 1 cm und 2,5 cm vom Rand Löcher stanzen.

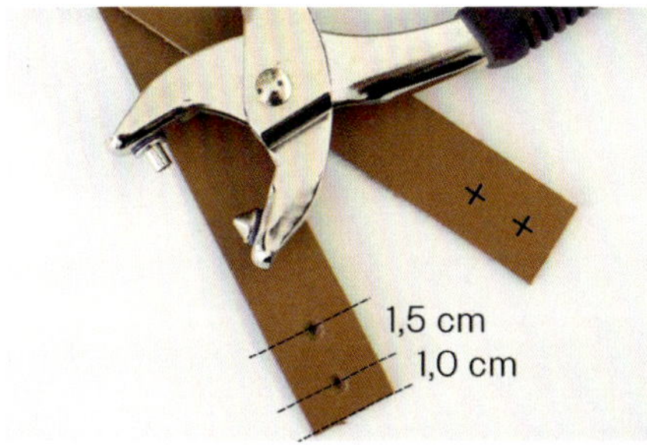

14... Den Korb flach hinlegen, sodass sich Längsnaht und Korbmitte genau an den Seiten befinden. An der Oberkante jeweils die Mitte kennzeichnen, und von diesem Punkt jeweils 4 cm nach beiden Seiten eine Markierung anbringen.

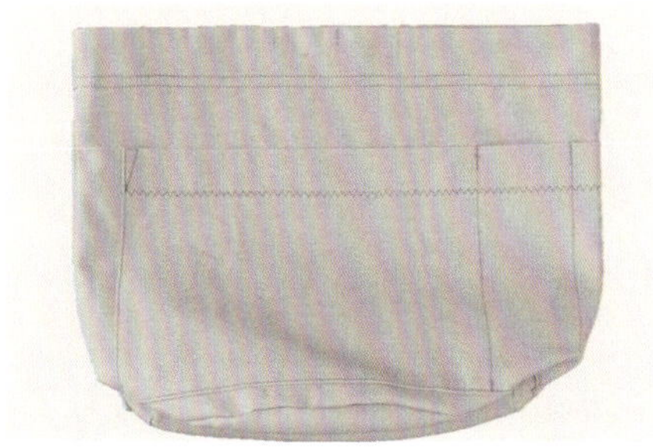

15... Die Tragegriffe mit den gelochten Enden von außen an diesen Markierungen anlegen. Dabei treffen die Enden auf die Steppnaht der Oberkante. Die Lochungen auf den Korb durchzeichnen, dann stanzen.

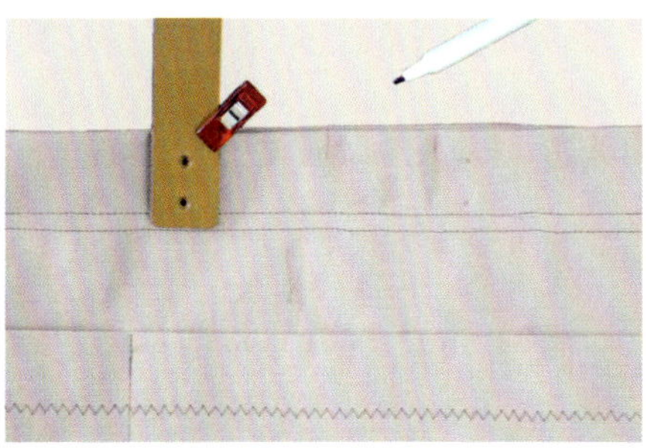

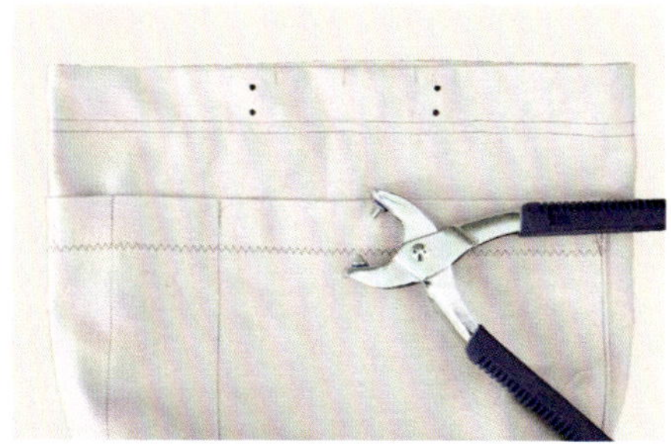

16... Jeweils den unteren Teil der Buchschraube von innen durch die Stoffkante stecken, den Tragegriff von außen passgenau auf die Lochung legen und mit dem Schraubenoberteil befestigen.

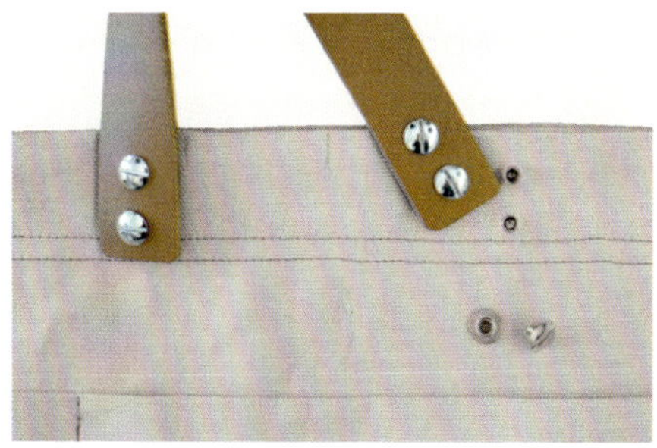

TIPP Wenn Sie die Körbe häufig tragen und schwer befüllen möchten, sollten Sie vor dem Nähen die Positionen für die Lochungen markieren und von links mit Klebepunkten verstärken.

SITZWÜRFEL FÜR FESTE UND GÄSTE

EASY Modell

Schmucke Idee für Balkon und Garten: Einfache Getränkekisten werden bei „Sitznot" mit einer Husse zu bunten Sitzwürfeln umfunktioniert. Wird die Husse aus Wachstuch gefertigt, können die Sitzwürfel auch Regen überstehen.

GRÖSSE

Individuell, je nach den Maßen der Getränkekiste

MATERIAL

- wetterfester Stoff (z. B. Outdoorstoff oder Wachstuch), 110 cm x 100 cm
- farblich passendes Nähgarn
- leere Getränkekiste, z. B. 30 cm x 20 cm x 36,5 cm

HINWEIS Der Stoffverbrauch bezieht sich auf eine Getränkekiste mit den Maßen 30 cm x 20 cm x 36,5 cm. Für andere Größen siehe ZUSCHNITT.

NAHTZUGABEN

Die Seitennähte mit 1 cm Nahtzugabe zuschneiden, die Unterkanten mit 2 cm Saumzugabe.

ZUSCHNITT

Länge, Breite und Höhe der vorhandenen Getränkekiste messen. Die Maße gemäß Zuschnittskizze auf die linke Stoffseite übertragen und das Hussenteil ausschneiden.

TIPP Da beim Zuschnitt des „Stoffkreuzes" aus einem Stoffstück viel Reststoff anfällt, können Sie auch zwei Seitenwände separat zuschneiden; dabei an allen Verbindungsstellen (auch am Hauptteil) 1 cm Nahtzugabe zugeben. Die Seitenwände an den Verbindungsstellen ans Hauptteil annähen, die Nahtzugaben versäubern. Anschließend nach der Anleitung nähen.

ANLEITUNG

1... Die Seitennähte rechts auf rechts legen, heften und zusammensteppen.

2... Die Nahtzugaben an den Ecken schräg zurückschneiden und mit Zickzackstich versäubern. Wachstuch muss nicht versäubert werden.

3... Die untere Kante zweimal 1 cm auf die linke Stoffseite umklappen und knappkantig feststeppen.

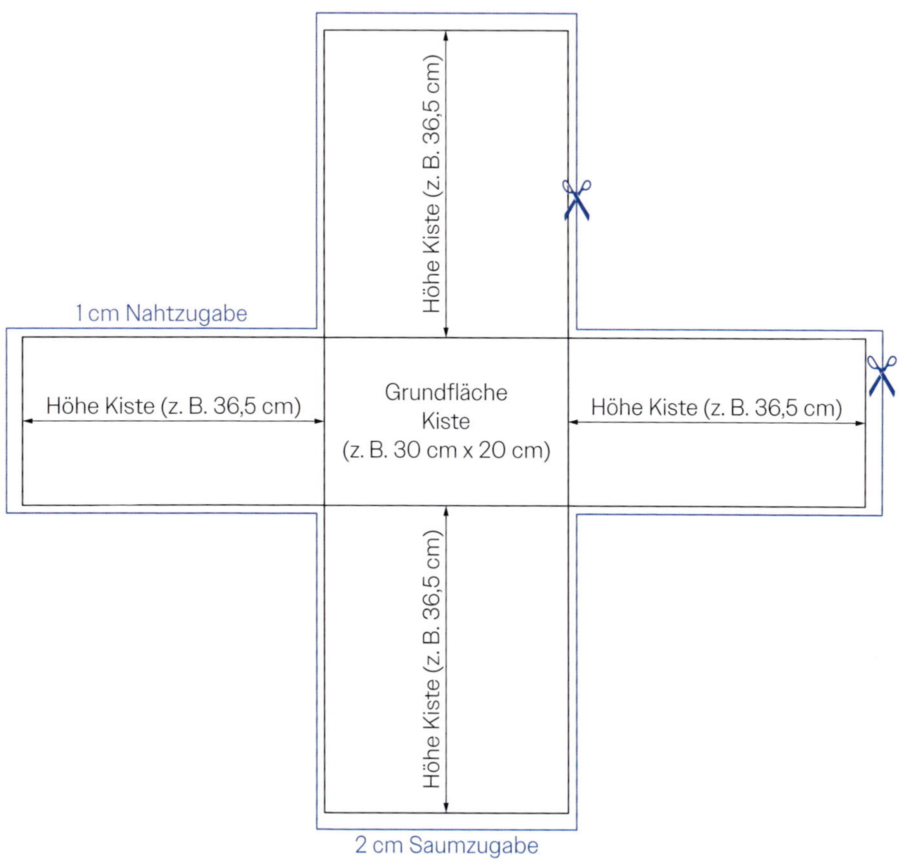

Minze

Draußen & Unterwegs

BESTECKTASCHE TO GO

EASY Modell

Mit echtem Besteck schmeckt die unterwegs gekaufte Mahlzeit oder ein spontanes Picknick im Park einfach besser! In der praktischen Bestecktasche lässt es sich im Handumdrehen verstauen und passt sogar in die Handtasche!

GRÖSSE

22 cm hoch, ø (gewickelt) ca. 6 cm

MATERIAL

- Außenstoff: Baumwoll- oder Leinenstoff, 50 cm x 35 cm
- Innenstoff: wasserfest beschichteter Baumwollstoff, 50 cm x 35 cm
- Vlieseinlage: stabile Bügeleinlage oder einseitig aufbügelbares Volumenvlies, 2 mm stark, 50 cm x 35 cm
- farblich passendes Nähgarn
- Kordel in passender Farbe, ø 5 mm, oder Flachkordel, 10 mm breit, 45 cm
- Knopf in passender Farbe, ø 20 mm

SCHNITTMUSTERBOGEN A

NAHTZUGABEN

Die Schnittteile mit 1 cm Nahtzugabe zuschneiden.

ZUSCHNITT

Die Markierungen vom Schnittmuster auf die Schnittteile übertragen.

Außenstoff
- 1x Bestecktasche

Innenstoff
- 1x Bestecktasche gegengleich

Bügeleinlage oder Volumenvlies
- 1x Bestecktasche gegengleich

ANLEITUNG

1... Die Vlieseinlage passgenau auf die linke Stoffseite des Zuschnitts aus dem Außenstoff bügeln.

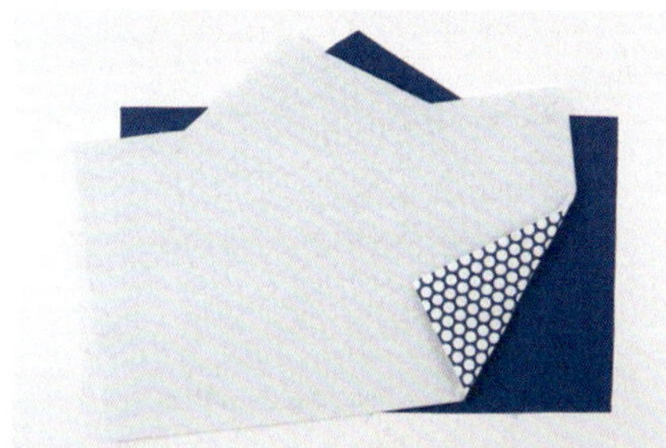

2... Äußeres und inneres Schnittteil rechts auf rechts heften. Die Kordel an der Dreiecksspitze zwischen die Stofflagen heften, dabei liegt die Kordel innen und die Kordelenden ragen 2 cm über die Nahtzugabe.

3... Die Teile zusammennähen, dabei markierungsgemäß eine Wendeöffnung lassen. Nahtbeginn und -ende mit Rückstichen sichern.

4... Die Nahtzugaben an den Außenecken schräg zurückschneiden und an den Innenecken v-förmig einschneiden, das Kordelende nicht beschneiden.

5... Die Bestecktasche durch die Wendeöffnung auf rechts wenden. Die Nahtzugaben an der Wendeöffnung nach innen falzen und alle Kanten sorgfältig bügeln.

6... Die untere Klappe der Bestecktasche markierungsgemäß nach oben falten und bügeln.

7... Die Seitenkanten heften und knappkantig feststeppen. Die Wendeöffnung wird dabei mit geschlossen.

8... Die Teilungsnähte markieren und steppen, Nahtbeginn und -ende jeweils mit Rückstichen sichern.

9... Das Kordelende verknoten und den Knopf markierungsgemäß an der Außenseite der Taschenklappe annähen.

GARTENSCHÜRZE AUS ALTER JEANS

UP cycling

Eine Jeans besitzt bereits alles, was eine Gartenschürze braucht: viele Taschen für Gartenschere, Arbeitshandschuhe und Bindebast sowie Gürtelschlaufen zum Einhängen von Karabinern für unentbehrliche Kleinigkeiten. Details wie eine Öse, die den Bastfaden direkt von der Rolle liefert, buntes Schrägband und eine Applikation machen aus Ihrer Gartenschürze ein Einzelstück!

GRÖSSE

Individuell

MATERIAL

- abgelegte Jeans mit großen aufgesetzten Gesäßtaschen
- gemusterter Baumwollstoff (optional)
- doppelseitiges Klebevlies für Applikationen (z. B. Vliesofix) (optional)
- farbiges Schrägband
- farblich passendes Nähgarn
- Öse mit Scheibe
- 2 Klebepunkte für Ösen oder Rest festes Bügelvlies zum Verstärken
- 2 kleine Karabiner
- Jeansnadel für die Nähmaschine

TIPP Die Jeans sollte größer sein als Ihre eigene Konfektionsgröße, damit der Bund über Ihrer normalen Kleidung locker geschlossen werden kann. So können Sie Knopf und Knopfloch der Jeans einfach für die Schürze verwenden. Sollte die Jeans zu weit sein, können Sie neben dem alten Knopfloch an passender Stelle ein neues fertigen und das überstehende Bundstück abschneiden.

ANLEITUNG

1... Prüfen Sie zunächst, welche Taschen der Jeans verwendet werden können und welche Sie verwenden möchten. Meistens eignet sich die Kombination aus einer Vordertasche und einer Gesäßtasche, man kann aber auch beide Gesäßtaschen verwenden.

2... Zeichnen Sie den Verlauf der Schürze mit Schneiderkreide direkt auf die Jeans, indem Sie mit mindestens 1,5 cm Abstand unterhalb des Hosenbundes beginnen und in einem an den Ecken gerundeten Verlauf zwei Taschen, ebenfalls in einem Abstand von mindestens 1,5 cm, „umrunden".

3... Die Schürze zunächst großzügig unterhalb der angezeichneten Linie ausschneiden.

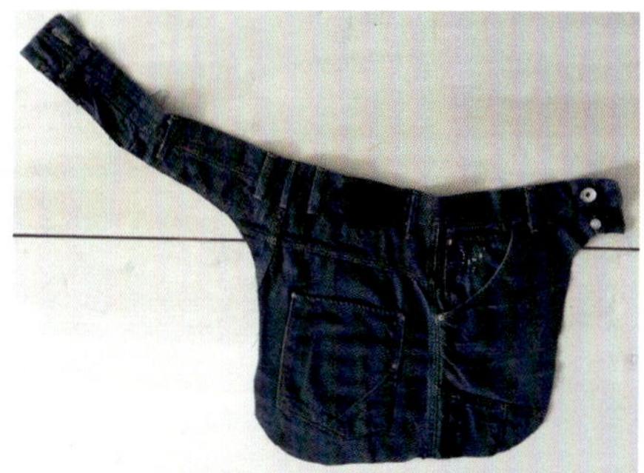

4... Die Schürze anprobieren und den Kantenverlauf gegebenenfalls noch etwas korrigieren. Die Schürze entlang der Markierung ausschneiden. Gürtelschlaufen, die „im Weg sind" abschneiden oder abtrennen.

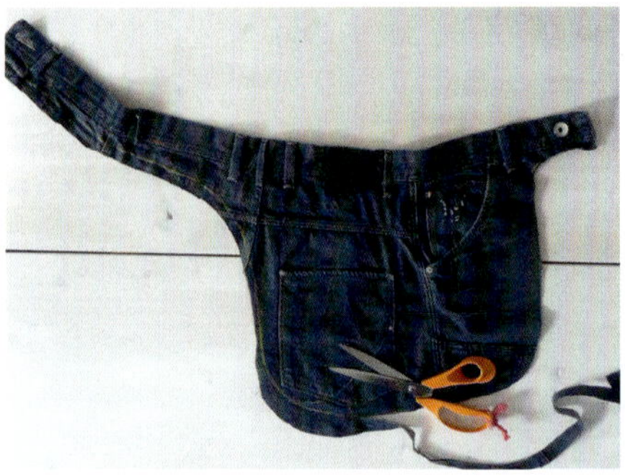

5... Wenn die Schürze zu weit ist, das Knopfloch passend verlegen. Sie brauchen kein echtes Knopfloch zu nähen; es genügt, das neue Knopfloch mit eng gestelltem, kleinem Zickzackstich rechteckig zu umranden. Die Knopflochmitte einschneiden, das überstehende Bundstück abschneiden und die offene Kante mit Zickzackstich versäubern.

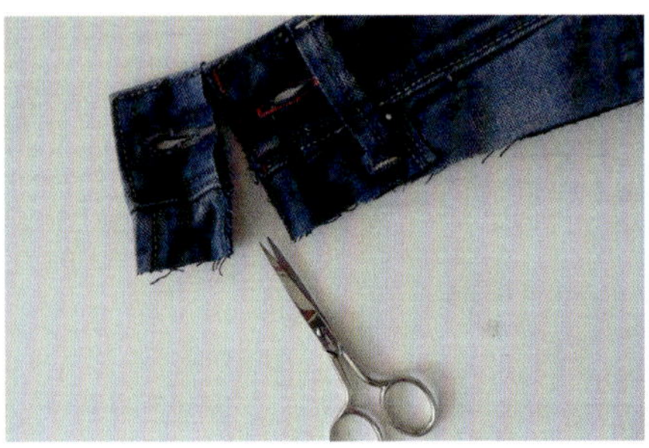

6... Die Länge der kompletten Schnittkante messen und Schrägband in dieser Länge mit 1 cm Nahtzugabe pro Seite zuschneiden.

TIPP Schrägband gibt es in vielen Farben und Mustern zu kaufen. Sie können es aber auch selbst anfertigen, indem Sie das Band in vierfacher Breite im 45-Grad-Winkel zum Fadenlauf aus Baumwollstoff zuschneiden. Die Nahtzugaben an den langen Kanten einbügeln und das Band anschließend der Länge nach aufeinanderbügeln. Nahtbandformer aus dem Fachhandel erleichtern diesen Arbeitsschritt.

7... Die Kante mit Schrägband einfassen. Dazu das Schrägband der Länge nach aufklappen und kantenbündig an die Innenseite der Schürze heften. Dabei das Schrägband an Nahtbeginn und Nahtende 1 cm überstehen lassen.

8... Das Schrägband 1 mm rechts von der ersten Umbruchkante feststeppen.

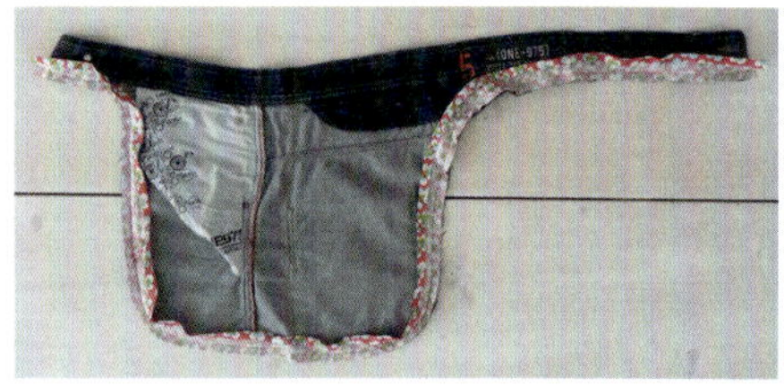

9... Schrägband über die Kante auf die rechte Seite der Schürze klappen und so festheften, dass die erste Naht überdeckt ist.

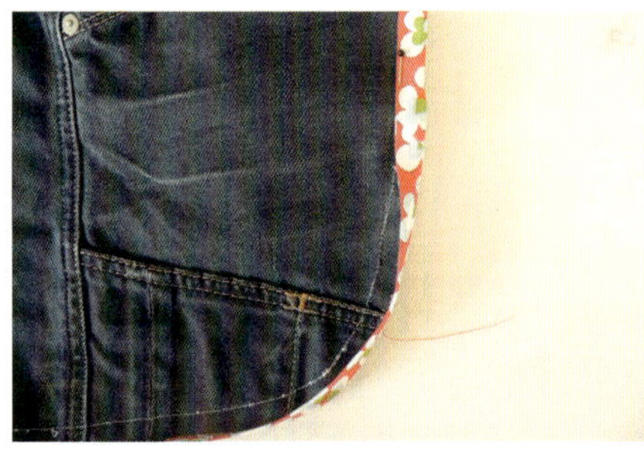

10... Die Nahtzugaben einschlagen.

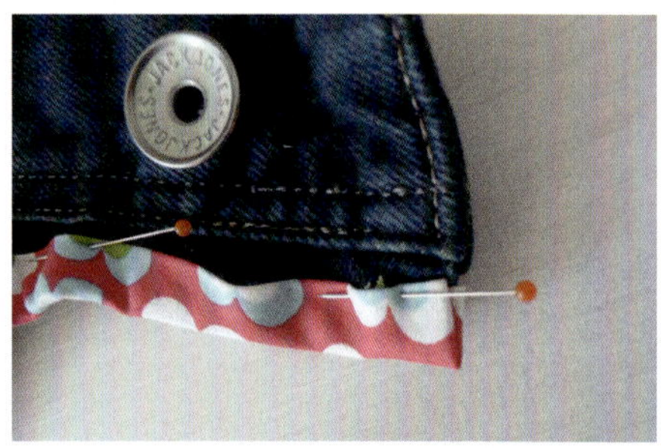

11... Das Schrägband nun knappkantig mit Geradstich oder Zickzackstich von rechts festnähen.

12... Die Position für die Öse an einer der Taschen festlegen und linksseitig mit einem Stück fester Vlieseinlage verstärken. Die Öse nach Herstelleranleitung in einschlagen. Karabiner in die Gürtelschlaufen einhängen.

13... Die Schürze nach Wunsch mit einer Applikation oder Aufnähern verzieren. Dazu Klebevlies linksseitig auf den Baumwollstoff bügeln, ein Motiv (z. B. einen Apfel) aufzeichnen und die Teile ausschneiden. Trägerpapier abziehen und die Motivteile an gewünschter Stelle auf die Schürze bügeln. Die Motive mit schmalem Zickzackstich entlang der Kanten applizieren.

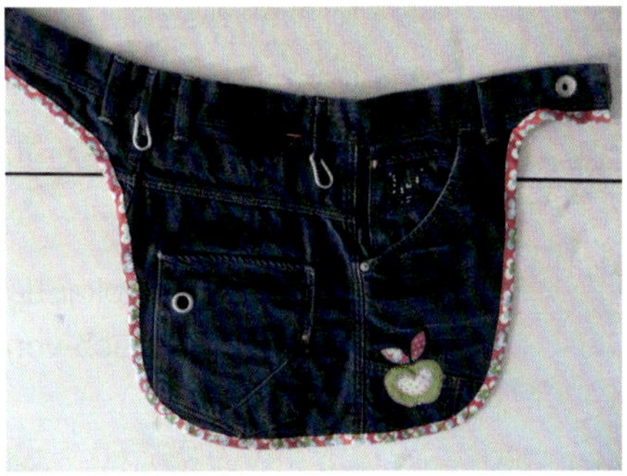

TIPP Mit dieser Idee lassen sich auch witzige Gürteltaschen für Kinder herstellen!

OUTDOOR-LAMPE AUS WASCHPAPIER

TREND Modell

Die Lampe aus Waschpapier eignet sich für drinnen und draußen. Sie macht ein stimmungsvolles Licht und sieht dabei einfach umwerfend aus.

GRÖSSE

23 cm hoch, ø 17 cm (Standfläche), ø 13,5 cm (Deckel)

MATERIAL

- Waschpapier „Plus“ in Weiß, 70 cm x 50 cm
- Waschpapier in Braun, 10 cm x 35 cm
- farblich passendes Nähgarn
- 2 Buchschrauben in Silber, ø 10 mm, 2 mm Schafthöhe
- Öse mit Scheibe in Silber, ø 11 mm oder 14 mm
- schnell trocknender Holzleim oder Alleskleber
- LED-Lichterkette mit Netzanschluss, batteriebetriebene LED-Kerzen oder wiederaufladbare LED-Campinglampe

HINWEISE

- Waschpapier „Plus“ wird maschinell nachbehandelt, sodass es weicher und etwas dicker ist. Wenn Sie unbehandeltes Waschpapier verwenden, waschen Sie es bei 60 °C in der Waschmaschine vor. Anschließend noch feucht mehrfach knautschen, damit es weicher im Griff wird.
- Wenn Sie die Lampe draußen benutzen möchten, achten Sie darauf, dass die LED-Beleuchtung für draußen geeignet ist. Verwenden Sie keine Leuchtmittel, die sich bei Betrieb erhitzen könnten.

SCHNITTMUSTER-BOGEN B

NAHTZUGABEN

Lampenschirm, Boden, Deckel und Seitenteil des Deckels mit 7 mm Nahtzugabe zuschneiden, die Henkel ohne Nahtzugabe zuschneiden.

ZUSCHNITT

Die Markierungen vom Schnittmuster auf die Schnittteile übertragen.

Waschpapier in Weiß

- 1x Lampenschirm
- 1x Boden
- 1x Deckel
- 1x Seitenteil Deckel

Waschpapier in Braun

- 2x Henkel

WASCHPAPIER VERARBEITEN

Waschpapier („veganes Leder") besteht aus einer Mischung aus Zellulose und Latex und ist weder umwelt- noch gesundheitsschädlich. Waschpapier lässt sich problemlos bei bis zu 60 °C mit normalem Waschmittel in der Waschmaschine waschen, läuft nur minimal ein, färbt nicht aus, fusselt nicht und verträgt hohe Temperaturen. Durch Waschen und anschließendes Knautschen wird es weicher und noch lederähnlicher. Im Trockner getrocknet erhält es einen zusätzlichen Knittereffekt. Durch Bügeln mit Dampf in noch feuchtem Zustand wird das Papier wieder glatt, ohne die Lederoptik zu verlieren.

- Für dieses Projekt eignet sich eine Universalnadel der Stärke 80 und eine Stichlänge von 3–3,5 mm. Wählen Sie keine kürzere Stichlänge, da beim Nähen Löcher im Material verbleiben und eine zu starke Perforierung zum Ausreißen der Naht führen kann.
- Waschpapier muss nicht versäubert werden, da es nicht ausfranst.
- Zum Fixieren eignen sich Stoffklammern oder schmales, doppelseitiges Klebeband aus dem Nähbedarf. Verwenden Sie keine Stecknadeln, da sie bleibende Löcher im Material hinterlassen.
- Da sich Waschpapier steifer verhält als Stoff, ist es beispielsweise beim Wenden oder wenn gebogene an gerade Teile genäht werden müssen, hilfreich, das Papier vor dem Verarbeiten mit Wasser anzufeuchten, damit es weicher wird. Das geht prima mit einer Sprühflasche. Sie können die Schnittteile aber auch unter den Wasserhahn halten oder sogar ganz in Wasser tauchen. Anschließend die Oberfläche sorgfältig mit einem Geschirrtuch trocken tupfen.
- Schneiden Sie Waschpapier mit der Papierschere, einem Rollschneider oder einem Cutter. Verwenden Sie nicht die gute Stoffschere, da der Papieranteil die Schere stumpf machen kann.

WASCHPAPIER VERZIEREN

Vor dem Vernähen können Sie den Lampenschirm nach Wunsch verzieren. Waschpapier lässt sich sehr gut bemalen, bedrucken, lochen und sogar mit herkömmlicher Textilfarbe batiken oder färben.

Bei den Modellen in diesem Buch habe ich verschiedene Techniken eingesetzt.

MOTIV MIT TRANSFERFOLIE AUFBÜGELN

Zunächst das Motiv mit dem Tintenstrahldrucker spiegelverkehrt auf Transferfolie drucken. Das Motiv anschließend entlang der Kanten (bei feineren Motiven auch großflächiger) ausschneiden und nach Herstellerangaben auf die rechte Seite des Waschpapiers aufbügeln. Damit das Motiv beim Nähen geschützt ist, das Transferpapier erst nach dem Wendevorgang entfernen.

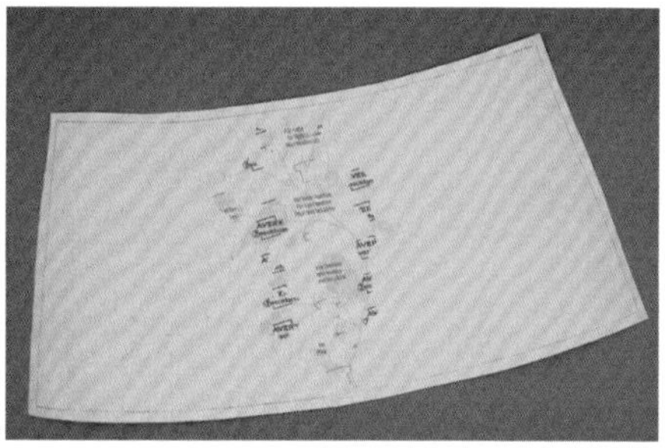

MOTIV STEMPELN

Dafür können Sie fertige Stempel verwenden oder Stempel selbst anfertigen, beispielsweise aus Moosgummi schneiden und auf ein Holzstück kleben. Runde oder tropfenförmige Motive lassen sich auch sehr gut mit kleinen Make-up-Schwämmchen aus dem Drogeriebedarf umsetzen. Verwenden Sie am besten ein Stempelkissen mit Textilfarbe, die nach dem Trocknen durch Hitze fixiert und waschbar wird. Alternativ können Sie Textilfarbe gleichmäßig mit einem

Schaumroller auf eine Glas- oder Kunststoffplatte auftragen und diese wie ein „Stempelkissen“ benutzen.

MIT DEM LOCHEISEN LOCHEN

Waschpapier lässt sich sehr gut mit einem Locheisen (z. B. aus dem Baumarkt) lochen. Sie können Lochmuster ganz frei gestalten oder Sie zeichnen sich ein Motiv oder ein Muster auf, das Sie nachlochen.

WASCHPAPIER FÄRBEN

Waschpapier kann wie ein gewöhnlicher Stoff mit Textilfärbemittel in der Waschmaschine, kleinere Mengen von Hand in einer Schüssel oder einem Eimer mit Batikfarbe gefärbt werden.

ANLEITUNG

1... Am Lampenschirm die Löcher für die Buchschrauben markierungsgemäß ausstanzen. Die Öse nach Herstelleranleitung anbringen.

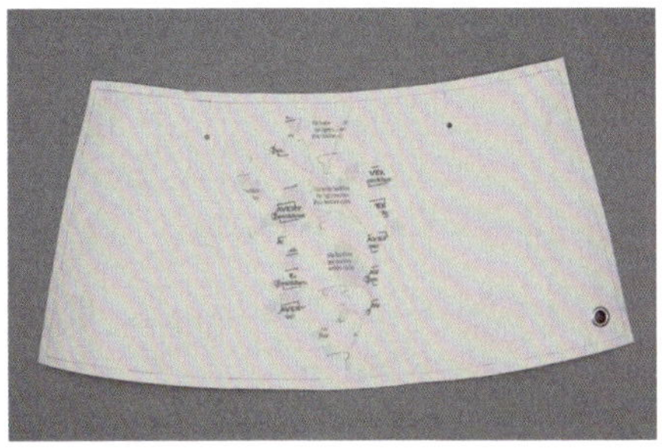

2... Die Nahtzugabe am oberen Rand des Lampenschirms mit Dampf und etwas Druck 7 mm nach links umbügeln, sodass sie glatt liegt. Anschließend wieder aufklappen.

3... Die Nahtzugaben am unteren Rand des Lampenschirms ringsum im Abstand von ca. 1 cm 6 mm tief einschneiden.

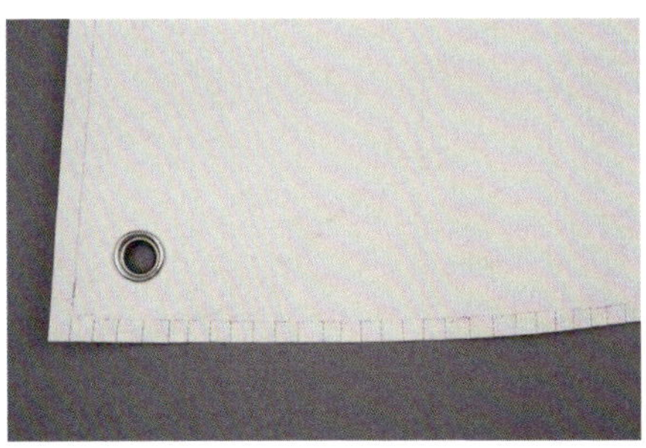

4... Die Seitenkanten des Lampenschirms rechts auf rechts heften. Die Seitennaht schließen, dabei am unteren Rand nur bis zur Nahtzugabe steppen. Die Nahtzugabe auf 3 mm zurückschneiden.

5... Den oberen Rand des Lampenschirms am Bügelfalz nach innen klappen und heften. Den Rand knappkantig feststeppen.

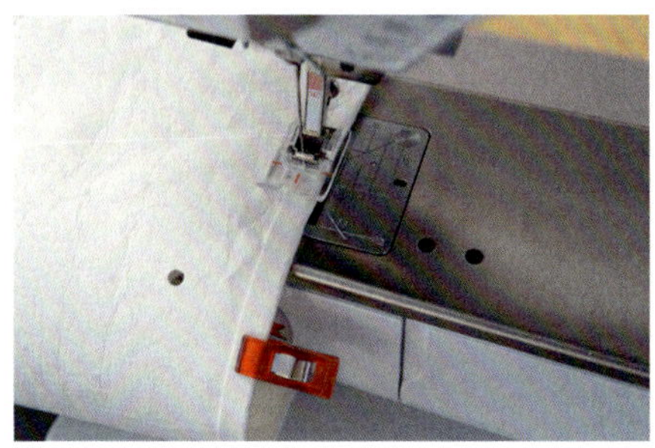

6... Den Lampenschirm und den Boden mit Wasser anfeuchten (siehe „Waschpapier verarbeiten“, S. 72). Den Lampenschirm rechts auf rechts an den Boden heften, dabei treffen die Markierungen (Viertelstrecken) in Lampenschirm und Boden jeweils aufeinander.

7... Den Lampenschirm am Boden feststeppen und die Nahtzugabe auf 3 mm zurückschneiden.

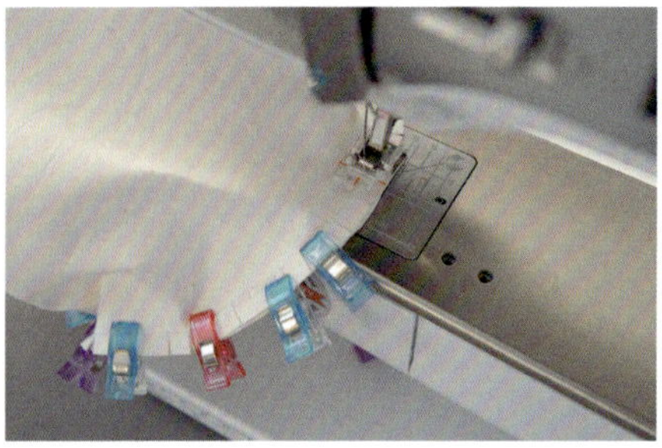

8... Den Lampenkorpus auf rechts wenden. Falls Sie ein Motiv mit Transferfolie aufgebracht habe, können Sie das Transferpapier vom Bügelmotiv nun abziehen.

9... Die Henkelstreifen linksseitig mit Holzleim bestreichen und nach Herstellerangabe bündig aufeinanderkleben. Den Henkel rundum knappkantig absteppen und beidseitig markierungsgemäß in der passenden Größe für die Buchschrauben lochen.

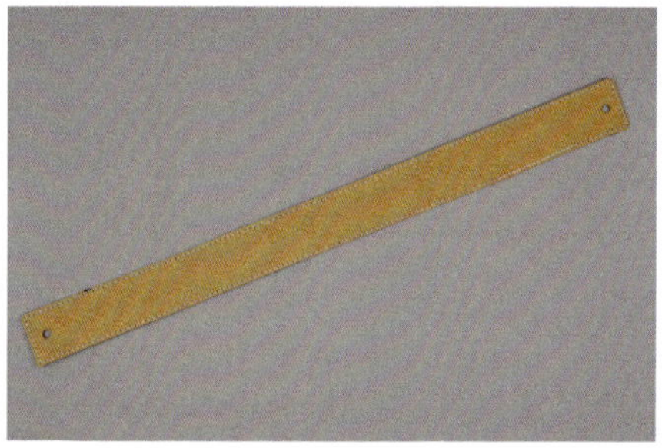

10... Den Henkel mithilfe der Buchschrauben am Lampenschirm befestigen. Sollten die Schrauben zu locker sitzen, können Sie kleine gelochte Quadrate aus Waschpapier zuschneiden und innen zwischen den Schrauben einlegen.

11... Die Nahtzugabe am unteren Rand des Seitenteils für den Deckel mit Dampf und etwas Druck 7 mm nach links umbügeln, sodass sie glatt liegt. Anschließend wieder aufklappen.

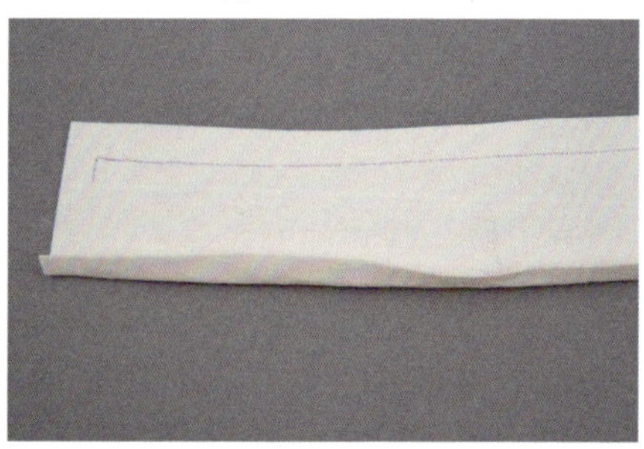

12... Die Nahtzugabe am oberen Rand des Seitenteils ringsum im Abstand von 1 cm ca. 6 mm tief einschneiden. Die Seitennähte am Seitenteil rechts auf rechts heften und zusammennähen. Die Nahtzugabe auf 3 mm zurückschneiden.

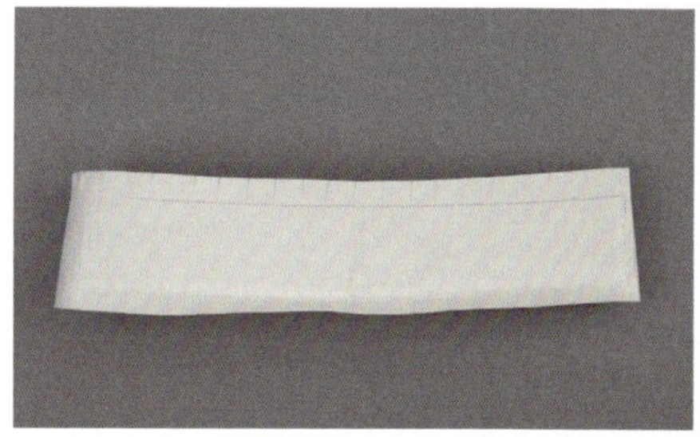

13... Den unteren Rand des Seitenteils am Bügelfalz nach innen klappen und heften. Den Rand knappkantig feststeppen.

14... Das Seitenteil und den Deckel mit Wasser anfeuchten (siehe „Waschpapier verarbeiten", S. 72). Das Seitenteil rechts auf rechts an den Deckel heften, dabei treffen die Markierungen (Viertelstrecken) in Deckel und Seitenteil jeweils aufeinander.

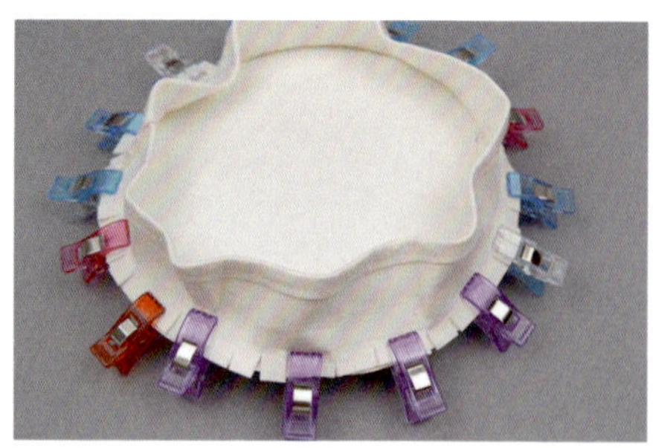

15... Das Seitenteil am Deckel feststeppen und die Nahtzugabe auf ca. 3 mm zurückschneiden. Den Deckel auf rechts wenden

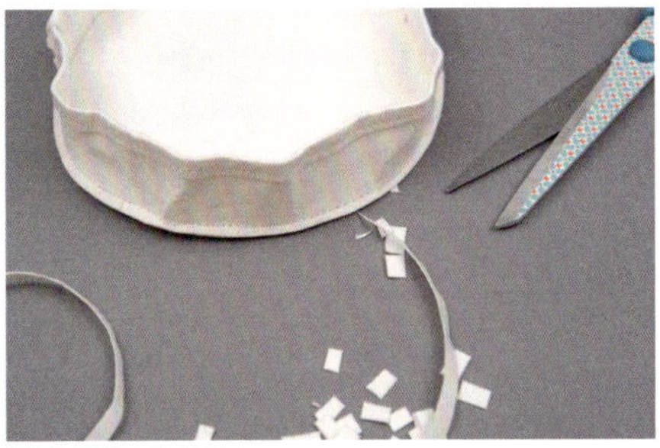

16... Die Lichterkette vorsichtig durch die Öse in die Lampe einziehen; alternativ eine Campinglampe oder LED-Kerze in die Lampe stellen. Den Deckel auflegen.

RÜCKSITZ-ORGANIZER

UP cycling

Ein bis zwei abgelegte Jeans, etwas Gummiband und zwei Haken – sehr viel mehr brauchen Sie nicht, um noch rechtzeitig vor der Fahrt in den Urlaub einen praktischen Rücksitz-Organizer zu nähen. Alle Kanten werden unversäubert verarbeitet und fransen daher lässig aus. Durch Waschen und Abschneiden der abstehenden Fädchen erhält der Organizer seine endgültige Optik.

GRÖSSE

40 cm x 60 cm

MATERIAL

- große abgelegte Jeans und kleine abgelegte Jeans, alternativ Jeansreste
- aus alten Jeans ausgeschnittene Taschen, Label etc. (optional)
- Gummiband, 20 mm breit, 1,30 m
- 2 Doppelhaken, 20 mm breit
- Klettverschluss: Hakenband, 10 cm; Flauschband, 5 cm
- farblich passendes Nähgarn
- Jeansnähnadel für die Nähmaschine
- Rundstab aus Holz, ø 10–12 mm, 38 cm lang

SCHNITTMUSTER-BOGEN A

NAHTZUGABEN

Die Maße enthalten alle erforderlichen Nahtzugaben.

ZUSCHNITT

Neben den in der Übersicht angegebenen Schnittteilen benötigen Sie weitere Teile, z. B. eine großzügig ausgeschnittene Münztasche, Knopfleiste, Schlaufen, evtl. weitere Taschen, Label und Elemente zum Aufnähen, die Sie aus den beiden Jeanshosen oder aus anderen abgelegten Jeans abschneiden können. Wenn Sie keine große Jeans zur Hand haben, können Sie die Schnittteile für den Korpus (Vorder- und Rückteil) und die Taschen auch aus gekaufter Jeans-Meterware (möglichst fest, ohne Elasthananteil) zuschneiden. Die anderen „jeanstypischen" Elemente können Sie auch aus einer kleinen Jeanshose ausschneiden.

Hosenbein große Jeans

- 1x Vorderteil, 40 cm x 60 cm
- 1x Rückteil, 40 cm x 64 cm
- 1x Boden Flaschenhalter

Hosenbein kleine Jeans

- 1x Falttasche, 24 cm x 52 cm oder 22 cm x 52 cm, wenn der Hosensaum als obere Kante verwendet wird
- 1x obere Tasche, 15 cm x 40 cm oder 13 cm x 40 cm, wenn der Hosensaum als obere Kante verwendet wird
- 1x Seitenwand Flaschenhalter, 16 cm x 23,5 cm oder 18 cm x 23,5 cm, wenn kein Hosensaum als obere Kante verwendet werden kann

Jeansreste

- 1x Hosenbund, mindestens 70 cm lang
- 3x Gesäßtasche, mit 2,5 cm Randzugabe ausgeschnitten

ANLEITUNG

1... Die Hosenbeine ca. 70 cm oberhalb der Säume abschneiden und an der Innen- oder Außenbeinnaht aufschneiden. Die „schönere" Doppelnaht (falls vorhanden) sollte erhalten bleiben.

2... Vor dem Zuschnitt prüfen, ob die Stoffstücke für Vorder- und Rückteil glatt ausgeschnitten werden können. Wenn die gebogene Hosennaht im oberen Teil der Hosenbeine stört, die störende Mehrweite glatt unter die Naht falten, feststecken und eine Naht auf der gesteckten Länge absteppen.

3... Vorder- und Rückteil auf die Hosenbeine aufzeichnen und ausschneiden. An der Rückseite den Hosensaum stehen lassen.

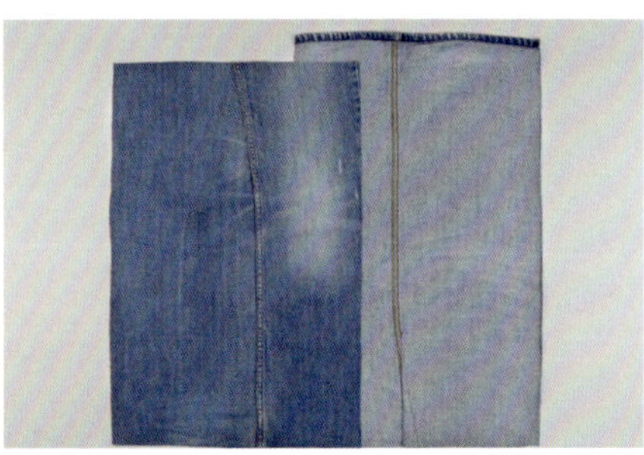

TIPP Sind die Hosenbeine zu schmal für den Zuschnitt, schneiden Sie aus anderen Teilen der Jeans passende Stücke aus und setzen sie an.

4... Die restlichen Schnittteile zuschneiden.

5... Vorder- und Rückteil links auf links legen, an den Seiten und der unteren Kante bündig, an der oberen Kante das Rückteil 4 cm überstehend. Die Doppelnähte der zwei Teile sollten etwas versetzt liegen, damit sie beim Zusammensteppen nicht aufeinandertreffen. Das Vorderteil kann dafür auch um 180 Grad gedreht werden. Die Seitenkanten und die untere Kante füßchenbreit zusammennähen.

6... Den oberen Rand 4 cm nach vorne umklappen und an einer kurzen sowie der langen Seite feststeppen. Die zweite kurze Seite bleibt offen, hier wird später der Rundstab eingezogen.

7... Sollte die Stelle an der Hosennaht zu dick für die Maschine sein, können Sie die Naht an dieser Stelle unterbrechen; dabei Nahtende und -anfang mit Rückstichen sichern.

8... Den oberen Rand der oberen Tasche doppelt je 1 cm nach links einschlagen und knappkantig feststeppen. Dieser Schritt entfällt, wenn wie im Foto ein vorhandener Saum als obere Kante verwendet wird. Zwei kleine Taschen oder andere Jeanselemente darauf anordnen und festheften und knappkantig mit Gerad- oder Zickzackstich feststeppen.

9... Am Korpus 18 cm von oben abmessen und eine horizontale Linie markieren. Den unteren Rand der oberen Tasche an dieser Markierung anlegen. Die obere Tasche auf den Korpus heften und füßchenbreit entlang der Seiten und der unteren Kante feststeppen.

10... Beliebige Teilungsnähte einzeichnen und absteppen.

11... Den oberen Rand der Falttasche doppelt je 1 cm nach links einschlagen und knappkantig feststeppen. Dieser Schritt entfällt, wenn ein Saum als obere Kante verwendet wird.

12... Die Seitenkanten je 6 cm auf links klappen und die Kanten bügeln.

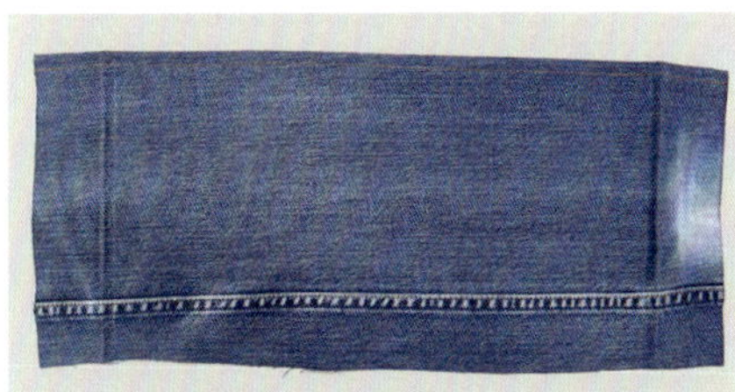

13... Zwei Gesäßtaschen innerhalb dieser Bügelmarkierungen auf der Falttasche anordnen und festheften.

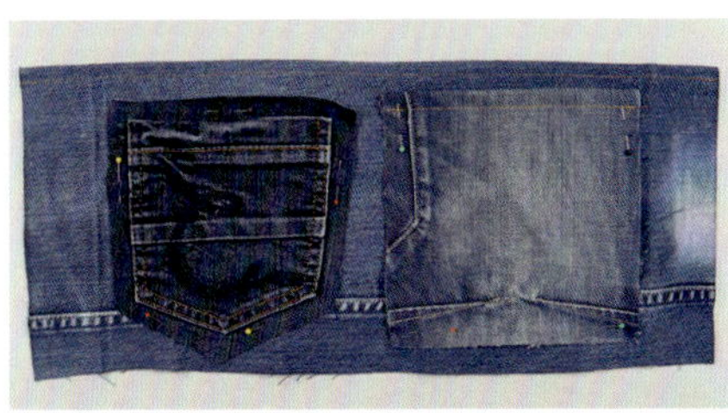

14... Die Taschen mit möglichst geringem Abstand zu den Taschenkanten aufsteppen.

15... Die überstehende Randzugabe mit ca. 5 mm Abstand zur Naht abschneiden.

16... Das 5 cm lange Flauschband vertikal und mittig mit 1 cm Abstand zur oberen Kante der Falttasche feststeppen.

17... Die Seitenkanten der Falttasche links auf rechts auf den Korpus heften. Die unteren Kanten von Falttasche und Korpus liegen bündig, werden aber noch nicht geheftet. Die Seitenkanten füßchenbreit annähen.

18 … Die Seitenkanten an den Bügelfalzen glatt legen und die untere Kante heften.

19 … Die untere Kante füßchenbreit auf den Korpus steppen und dabei die Falze mit feststeppen.

20 … Die Seitenwand des Flaschenhalters mit einem aufgesteppten Label, einer Applikation oder einem anderen Aufnäher verzieren. Wenn Sie keine Saumnaht als obere Kante verwenden, die obere Kante doppelt auf links einschlagen und knappkantig feststeppen.

21 … Den Boden des Flaschenhalters links auf links an die Seitenwand heften und füßchenbreit feststeppen.

22 … Die Position des Flaschenhaltes wie markiert anzeichnen und die Seitenkanten festheften. Die Seitenkanten feststeppen.

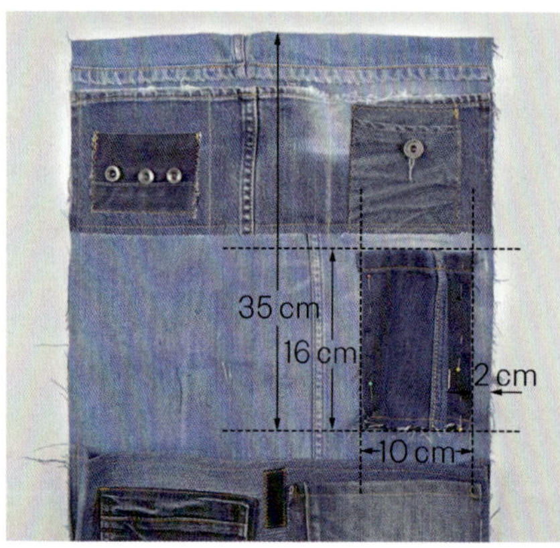

23 … Den Boden auf den Korpus heften und zwischen den Seitennähten feststeppen.

24 … Weitere Gesäßtaschen, Schlaufen, Label, Knöpfe oder Zierelemente nach Wunsch auf den noch freien Flächen anordnen. Die Elemente feststeppen. Randzugaben auf 5 mm zurückschneiden.

25 … Aus dem Hosenbund ein 15 cm langes Stück zuschneiden (im Foto oben); links und rechts davon genug Stoff für weitere Teile (im Foto Mitte und unten) lassen. An dem 15 cm langen Stück den unteren Rand knappkantig absteppen.

26 … Das 10 cm lange Hakenband längs an der Unterseite feststeppen.

27... Das Bundstück so an die Falttasche kletten, dass die oberen Kanten von Flausch- und Hakenband bündig liegen. Das Bundstück am oberen Ende mit einer rechteckigen Naht am Korpus feststeppen.

28... An der Rückenlehne des Autositzes den Abstand der Kopfstützenstangen von Außenkante zu Außenkante messen. Am oberen Rand des Organizers die Mitte ausmessen und den Abstand der Kopfstützenstangen markieren. Das Bundstück mit Knopf auf 12 cm kürzen und links von der linken Markierung anlegen, sodass das Ende ca. 6 cm nach unten ragt. Das Teil unterhalb des Tunnelzugs feststeppen.

29... Das Bundstück mit Knopfloch anknöpfen. Den Rundstab in den Tunnelzug einziehen. Den Organizer am Sitz anpassen. Dazu das Bundstück um die Kopfstütze legen, die Länge für den Aufhänger passend festlegen und markieren. Das Bundstück mit Knopfloch passend zuschneiden; das Ende sollte ca. 6 cm überstehen, damit es unterhalb des Tunnelzugs festgesteppt werden kann. Das Bundstück mit Knopfloch mit Stecknadeln oder Sicherheitsnadeln markierungsgemäß am Organizer fixieren.

30... Den Organizer mit dem Aufhänger an den Kopfstützenstangen anbringen. Die Position und Länge für das mittlere Gummiband festlegen. Im Idealfall ist es leicht gespannt und liegt genau so, dass es in der Ritze des Beifahrersitzes verschwindet. Hier ist die Länge z. B. 75 cm inklusive 1 cm Nahtzugabe auf beiden Seiten).

Die Länge und die Lage der unteren Gummibänder ebenfalls passend zum Sitz festlegen. Die Haken sollten unter dem Sitz gut befestigt werden können. Hier ist der Abstand der Gummibänder zueinander 16 cm und die Länge der Gummibänder 23 cm inklusive 4 cm Nahtzugabe.

Die Gummibandenden 3 cm um die Haken legen und feststeppen.

32... Die Gummibänder an den Rändern des Utensilos mit rechteckigen Nähten feststeppen.

32... Das Bundstück mit Knopfloch unterhalb des Tunnelzugs feststeppen.

33... Vor Gebrauch den Rücksitz-Organizer bei 40 °C in der Waschmaschine waschen und anschließend die herausstehenden Fadenenden abschneiden.

34... Den Rundstab einziehen und den Organizer am Sitz befestigen.

ÜBERTÖPFE FÜR KRÄUTER UND PFLANZEN

Selbst genähte Übertöpfe eignen sich wunderbar, um auf Balkon oder Terrasse eine gemütliche und individuelle Atmosphäre zu schaffen. Im Gegensatz zu gekauften Übertöpfen aus Kunststoff oder Keramik haben Sie bei Stoffen eine riesige Auswahl an Farben und Mustern. Außerdem können Sie die Hüllen genau an die Größe Ihrer Kräuter- oder Blumentöpfe anpassen.

GRÖSSE

13 cm hoch, ø 14 cm (passend für Töpfe bis maximal 12,5 cm Höhe und ø 13,5 cm) oder individuell (siehe S. 84)

MATERIAL

- Außenstoff: Outdoorstoff (wasserabweisender oder wasserfest beschichteter Baumwollstoff), 70 cm x 20 cm
- Innenstoff: Outdoorstoff (wasserfest beschichteter Baumwollstoff), 70 cm x 20 cm
- Waschpapier, 2,5 cm x 10 cm (Etikett), 2 cm x 1 m (Henkel), 2 cm x 30 cm (Griffe)
- farblich passendes Nähgarn
- wasserfester Stift
- Jeans- oder Microtexnadel
- Buchschrauben, ø 10 mm (Kopf) / ø 5 mm (Schaft), 2,5 mm Schafthöhe (optional)

HINWEISE

- Wenn die Töpfe dem Wetter ausgesetzt sind, sollten Sie rückseitig direkt über der Bodennaht zwei bis drei Entwässerungslöcher anbringen. Hierfür eignen sich rostfreie Ösen mit Scheiben (ø 5 mm).
- Wenn die Übertöpfe überdacht oder innen stehen, können Sie als Außenstoff auch einen anderen festen Stoff verwenden, z. B. Canvas, Leinen, gewachste Baumwolle oder Dekostoffe aller Art.
- Wenn Sie die Übertöpfe im Haus verwenden, können Sie die Innennähte mit Nahtdichter aus dem Camping- und Zeltbedarf wasserfest versiegeln.

BESCHICHTETE STOFFE VERARBEITEN

- Zum Fixieren beschichteter Stoffe eignen sich Stoffklammern, alternativ kleine Wäscheklammern oder kleine Foldback-Klammern aus dem Bürobedarf. Verwenden Sie keine Stecknadeln, da sie bleibende Löcher im Material hinterlassen.
- Nähen Sie mit Stichlänge 3–4 mm, damit der Stoff durch die Nähte nicht zu stark perforiert wird.
- Da beschichtete Stoffe dicht und fest sind, eignet sich zum Nähen eine Jeans- oder Microtexnadel am besten.
- Beschichtete Stoffe haften gerne am Nähfuß und werden schlecht transportiert, wenn man auf der beschichteten Seite näht. Deshalb ist ein Teflon- oder ein Rollennähfuß sinnvoll, die allerdings meist nicht zum Standardzubehör einer Nähmaschine gehören. Alternativ können Sie Masking Tape auf die Nähfuß-Unterseite kleben. Oder Sie legen Back- oder Seidenpapier beim Nähen zwischen Stoff und Nähfuß, das Sie mitnähen und anschließend einfach wegreißen.

NAHTZUGABEN

Die Maßangaben sind Fertigmaße und enthalten bereits alle erforderlichen Nahtzugaben. Wenn im Text nicht gesondert darauf hingewiesen wird, beträgt die Nahtzugabe beim Nähen 1 cm.

ZUSCHNITT

Außenstoff

- 1x Seitenteil, 46 cm x 18 cm
- 1x Boden, ø 16 cm

Innenstoff

- 1x Seitenteil, 46 cm x 12 cm
- 1x Boden, ø 16 cm

Waschpapier

- 1x Etikett, 2,5 cm x 8 cm (oder länger, je nach Beschriftung)
- 2x Henkel, 2 cm x 50 cm (optional)
- 2x Griff, 2 cm x 15 cm (optional)

BASILIKUM
MINZE

SCHNITTMUSTER FÜR ANDERE TOPFGRÖSSEN ERSTELLEN

1... Den Blumentopfdurchmesser an der weitesten Stelle ermitteln und einen Kreis mit diesem Maß + 1 cm Weitenzugabe mit Zirkel oder mithilfe eines Tellers in der Größe auf Papier aufzeichnen und ausschneiden.

2... Den Umfang des Bodens mit dem Maßband messen. Dieses Maß ergibt die Breite des Seitenteils. Die Höhe des Übertopfes festlegen, z. B. Höhe des Blumentopfs + 5 mm. Dieses Maß ergibt die Höhe des Seitenteils. Das Seitenteil auf Papier aufzeichnen und ausschneiden.

3... Die Stoffteile rundum mit 1 cm Nahtzugabe zuschneiden

ANLEITUNG

1... Das Etikett mit dem wasserfesten Stift beschriften und mittig und mit 7,5 cm Abstand zum oberen Rand auf der rechten Stoffseite des äußeren Seitenteils feststeppen.

2... Aus je einem Seitenteil und einem Boden zwei einzelne Töpfchen herstellen. Dazu die Seitenteile an den kurzen Kanten rechts auf rechts legen und mit Klammern heften.

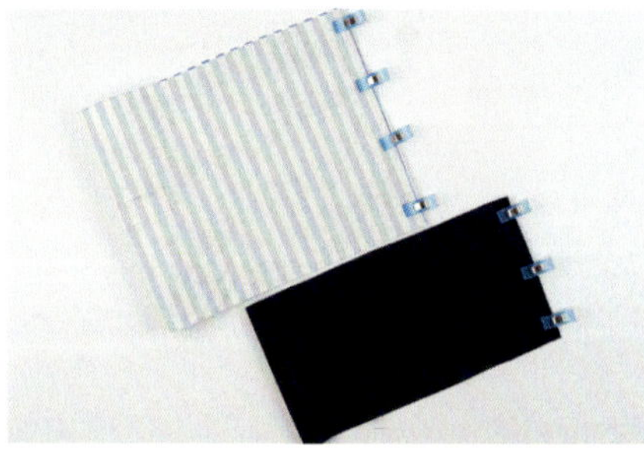

3... Die Seitennähte schließen. Beim Innentöpfchen mittig eine 7 cm lange Wendeöffnung lassen, Nahtbeginn und -ende mit Rückstichen sichern.

4... Die Nahtzugaben auseinanderfalzen.

5... Die Unterkanten der Seitenteile und die Böden in Viertelstrecken einteilen und mit Schneiderkreide oder Markierstift markieren.

6... Die Seitenteile rechts auf rechts an die Böden heften, dabei treffen die Markierungen aufeinander.

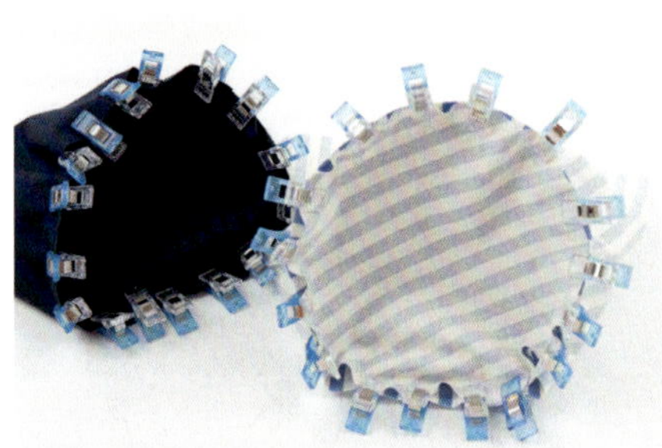

7... Die Seitenteile an die Böden steppen. Die Nahtzugaben rundum bis kurz vor die Naht einknipsen.

8 ... Das Innentöpfchen auf rechts wenden. Die Töpfchen rechts auf rechts ineinanderziehen und die Teile am oberen Rand aufeinanderheften.

9 ... Die Teile am oberen Rand zusammennähen, das Nahtende mit Rückstichen sichern. Durch die Wendeöffnung auf rechts wenden. Die Kanten der Wendeöffnung knappkantig zusammennähen.

10 ... Die Töpfchenteile ineinanderziehen. Die Kante des Außentöpfchens klappt dabei 3 cm nach innen um. Den oberen Rand mit Klammern heften.

11 ... Die Kante rundum 1 cm oder in beliebiger Breite absteppen. Sollte Ihr Nähmaschinenfüßchen aufgrund der Beschichtung nicht gut über den Stoff gleiten, siehe Seite 82.

12 ... Die beiden Henkelstreifen linksseitig mit Holzleim oder Alleskleber bestreichen, nach Herstellerangabe aufeinanderkleben und trocknen lassen. Den Henkel rundum knappkantig absteppen und an beiden Enden mittig und in der passenden Größe für die Buchschrauben lochen.

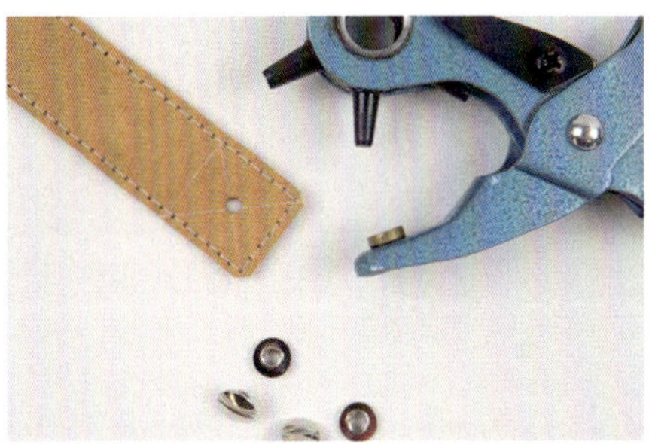

13 ... Die Position für den Henkel am Übertopfrand (jeweils mittig zwischen Seitennaht und Etikettmitte) markieren und lochen.

14 ... Den Henkel mithilfe der Buchschrauben am Übertopf befestigen. Sollten die Schrauben zu locker sitzen, können Sie kleine gelochte Quadrate aus Waschpapier zurechtschneiden und innen zwischen die Schrauben legen.

TIPP Alternativ können Sie auch Gurtband verwenden und die Enden mit einer quadratischen Naht und Diagonalnähten am Übertopfrand festnähen.

15 ... Die Zuschnitte für die Griffe jeweils knappkantig absteppen. Die Position für die Griffe am Übertopfrand jeweils mittig zwischen Seitennaht und Etikettmitte markieren; der Innenabstand der Griffe beträgt 4 cm. Die Griffenden mit einer quadratischen Naht und Diagonalnähten am Übertopfrand festnähen.

très
cool

MINIKÜHLTASCHE

Die Mini-Kühltasche ist praktisch als Lunchbag, ein perfekter Begleiter auf Reisen und auch für Freibad oder Ausflug gut geeignet. Lebensmittel bleiben darin auch bei Sommerhitze einige Stunden kühl und frisch. Wenn Sie nicht benutzt wird, lässt sich die Kühltasche platzsparend zusammenlegen.

GRÖSSE

25 cm x 22 cm x 15 cm

MATERIAL

- Außenstoff 1: Outdoorstoff (wasserabweisender oder wasserfest beschichteter Baumwollstoff), 120–140 breit, 30 cm
- Außenstoff 2: Outdoorstoff (wasserabweisender oder wasserfest beschichteter Baumwollstoff), 50 cm x 20 cm oder 30 cm x 35 cm
- Innenstoff: temperaturisolierendes Volumenvlies, 70 cm x 60 cm
- Schrägband, 30 mm (ungefalzt 60 mm) breit, 1 m
- Gurtband, 25 mm breit, 1,40 m
- Klettverschluss, 24 cm lang
- doppelseitiges Klebeband, 4 mm breit, alternativ lösemittelfreier Klebestift
- kleines Label oder Etikett (optional)
- farblich passendes Nähgarn
- Jeans- oder Microtexnadel

HINWEIS Auch andere feste Stoffe eignen sich prima als Außenhülle, z. B. Canvas, Leinen, Jeansstoff oder Dekostoffe aller Art.

BESCHICHTETE STOFFE VERARBEITEN

- Zum Fixieren beschichteter Stoffe eignen sich Stoffklammern, alternativ kleine Wäscheklammern oder kleine Foldback-Klammern aus dem Bürobedarf. Verwenden Sie keine Stecknadeln, da sie bleibende Löcher im Material hinterlassen.
- Nähen Sie mit Stichlänge 3–4 mm, damit der Stoff durch die Nähte nicht zu stark perforiert wird.
- Da beschichtete Stoffe dicht und fest sind, eignet sich zum Nähen eine Jeans- oder Microtexnadel am besten.
- Beschichtete Stoffe haften gerne am Nähfuß und werden schlecht transportiert, wenn man auf der beschichteten Seite näht. Deshalb ist ein Teflon- oder ein Rollennähfuß sinnvoll, die allerdings meist nicht zum Standardzubehör einer Nähmaschine gehören. Alternativ können Sie Masking Tape auf die Nähfuß-Unterseite kleben. Oder Sie legen Back- oder Seidenpapier beim Nähen zwischen Stoff und Nähfuß, das Sie mitnähen und anschließend einfach wegreißen.
- Beschichtete Stoffe nur nach Herstellerangaben bügeln. Wenn dies nicht möglich ist, nur falzen.

NAHTZUGABEN

Die Maßangaben sind Fertigmaße und enthalten bereits alle erforderlichen Nahtzugaben. Wenn im Text nicht gesondert darauf hingewiesen wird, beträgt die Nahtzugabe beim Nähen 1 cm.

ZUSCHNITT

Außenstoff 1

- 2x breites Seitenteil, 27 cm x 26 cm
- 2x schmales Seitenteil, 17 cm x 26 cm
- 1x Boden, 27 cm x 17 cm

Außenstoff 2

- 1x Taschenklappe, 27 cm x 16 cm
- 1x Fronttasche, 20 cm x 17 cm

Innenstoff

- 1x Innenfutter (siehe Schnittskizze)

Schrägband

- 4x Einfassstreifen, 25 cm

Gurtband

- 2x Henkel, 68 cm

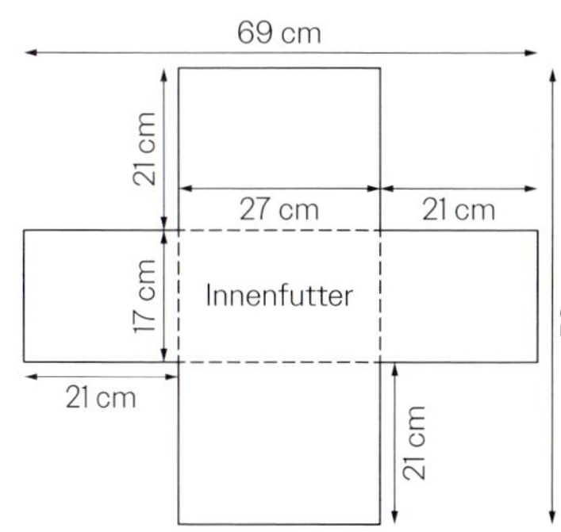

ANLEITUNG

HINWEISE

- Nur stark fransende Stoffe vor dem Nähen versäubern, da alle Nahtzugaben im Inneren liegen.
- Alle Nähte mit Rückstichen sichern.

1… Je einen Streifen Klebeband kantenbündig auf die Nahtzugabe der schmalen Seitenteile des Schnittteils für das Innenfutter kleben; auf die Seite mit der Silberfolienbeschichtung.

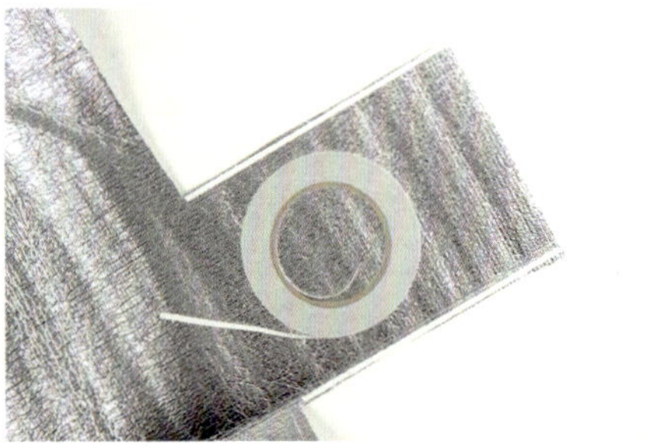

2… Das Trägerpapier vom Klebeband abziehen und die Seitenkanten des Innenfutters rechts auf rechts aufeinanderkleben. Wenn Sie einen Klebestift statt Klebeband verwenden, können Sie die Seitennähte zusätzlich mit Stoffklammern heften, bis der Klebstoff getrocknet ist.

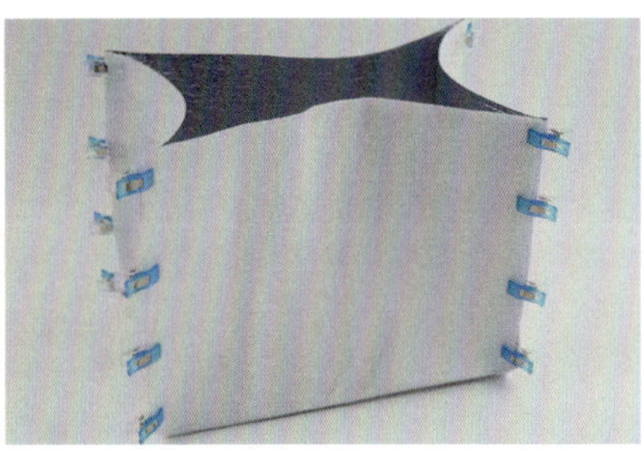

3… Das Schrägband auseinanderfalten und glattbügeln, anschließend der Länge nach links auf links falten und bügeln.

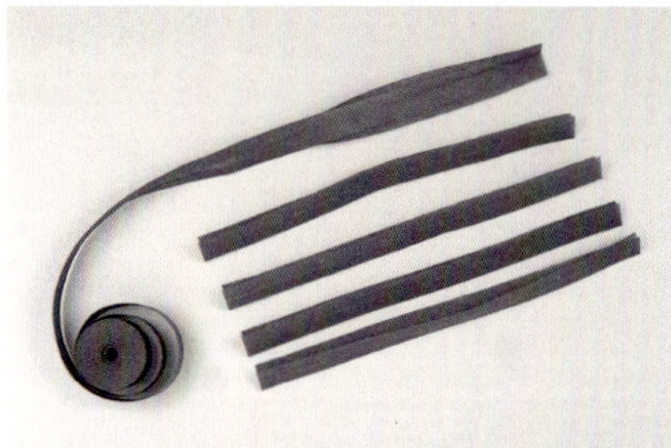

4… Die Schrägbandstücke um die Seitenkanten legen und mit Stoffklammern festheften. Lassen Sie das Schrägband dabei jeweils an der Kante überstehen, an der Sie zu nähen beginnen.

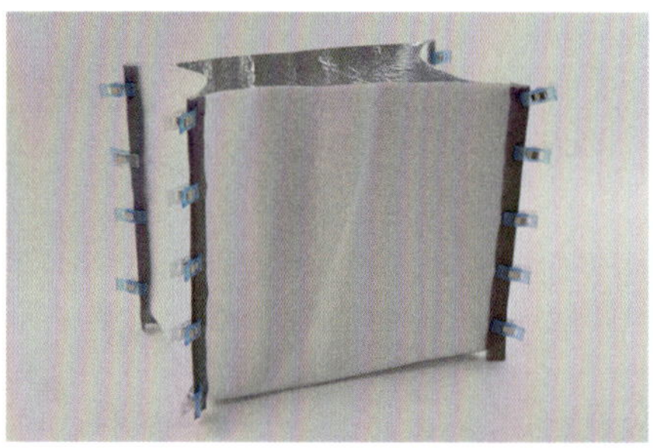

5… Die Seitennähte aufeinandersteppen. Das überstehende Schrägband verhilft zu einem guten Start, wenn Sie es bei Nähbeginn festhalten und etwas nach hinten ziehen. Die Schrägbandenden nach dem Nähvorgang abschneiden.

6… Die obere Kante der Fronttasche 3 cm nach links bügeln/falzen, die Nahtzugabe einschlagen und heften. Den Umschlag knappkantig und füßchenbreit feststeppen. Nach Wunsch ein kleines Label auf die Tasche nähen.

7… Die Nahtzugaben der Fronttasche an den Seiten und an der unteren Kante auf links bügeln/falzen. Die Tasche mittig und mit 3 cm Abstand zur unteren Kante auf ein breites Seitenteil (Außenstoff 1) heften/legen. Die Tasche knappkantig und füßchenbreit feststeppen.

8… Die Enden der Gurtbänder für die Henkel 2,5 cm nach links falzen. Die Henkel 9,5 cm von der Oberkante und mit 9 cm Abstand zueinander auf die breiten Seitenteile (Außenstoff 1) heften/anlegen.

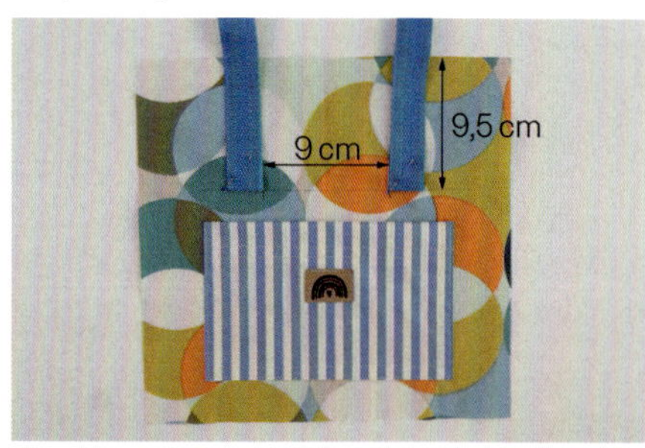

HINWEIS Das Gurtband an den Enden mit Zickzackstich versäubern. Bei Gurtband aus Kunstfaser können Sie die Schnittkanten auch vorsichtig mit einem Feuerzeug schmelzen.

9... Die Henkel im Quadrat und mit Diagonalnähten annähen.

10... Zwei schmale Seitenteile (Außenstoff 1) rechts auf rechts an ein breites Seitenteil heften.

11... Die schmalen Seitenteile annähen, dabei an der unteren Kante jeweils nur bis zur Nahtzugabe 1 cm vor der Kante nähen und die Naht mit Rückstichen sichern. Die Nahtzugaben auseinanderbügeln/falzen.

12... Eine lange Kante des Bodens rechts auf rechts an eine lange Kante des Seitenteils heften. Die Nahtzugabe des Bodens ragt dabei an beiden Seiten 1 cm über die Seitennähte der Tasche.

13... Auf dem Seitenteil nähen (die linke Stoffseite des Seitenteils zeigt nach oben, die linke Bodenseite nach unten). Mit der ersten Bodennaht exakt an der Nahtzugabe (1 cm vom Rand) beginnen, den Nahtbeginn mit Rückstichen sichern.

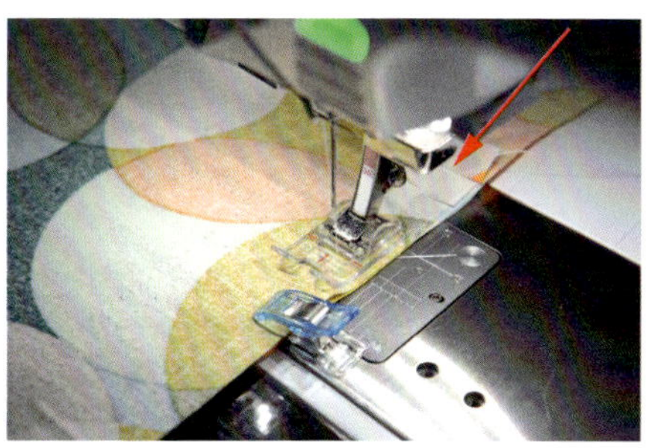

14... Die Teile bis zur Nahtzugabe 1 cm vor der ersten Ecke zusammennähen. Die Nadel im Stoff stecken lassen.

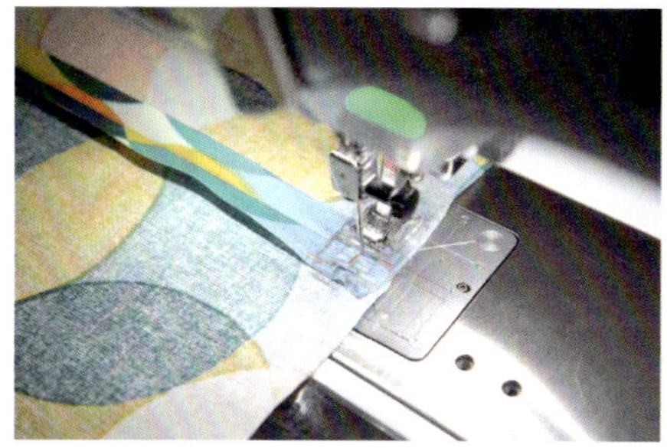

15... Den Nähfuß anheben und das Nähgut um 90 Grad drehen. Die Nahtzugabe und den überschüssigen Stoff glatt nach hinten streichen. Durch die unvernähte Nahtzugabe der Seitennaht legt sich der Stoff besser um die Ecke.

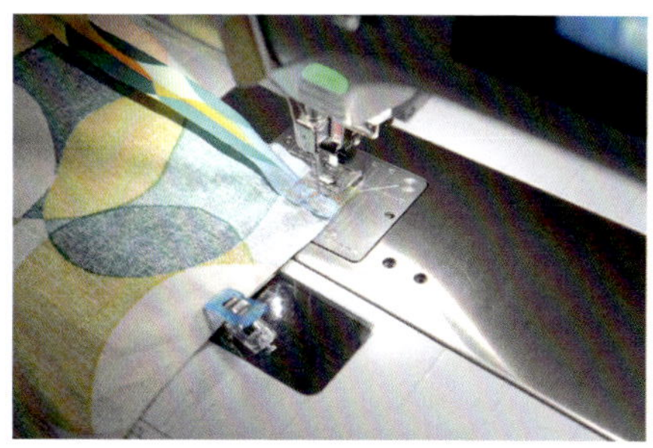

16... Den Nähfuß wieder senken, bis zur nächsten Ecke steppen und die Ecke wie eben beschrieben nähen. Die übrigen Seiten des Bodens genauso am Seitenteil feststeppen; das Nahtende mit Rückstichen verriegeln.

17... Die Nahtzugaben an den Ecken schräg zurückschneiden. Die Außentasche auf rechts wenden und die Ecken sorgfältig ausformen.

18... Die Taschenklappe der Länge nach rechts auf rechts bügeln/falten und heften. Die Kanten bis auf eine 12 cm lange Wendeöffnung in der Mitte der langen Seite zusammennähen und die Nähte mit Rückstichen sichern. Die Nahtzugaben an den Ecken schräg zurückschneiden.

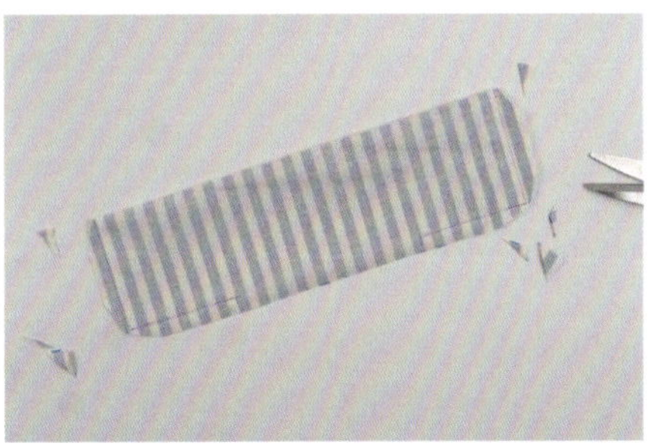

19... Die Taschenklappe auf rechts wenden und die Ecken sorgfältig ausformen. Die Nahtzugaben an der Wendeöffnung nach innen klappen und aufeinanderheften.

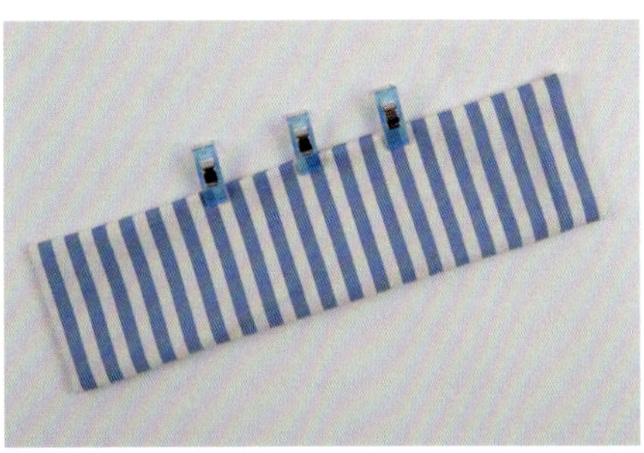

20... Das Hakenband des Klettverschlusses mit 5 mm Abstand zu den Kanten an die geschlossene Unterkante der Taschenklappe heften und rundum knappkantig feststeppen.

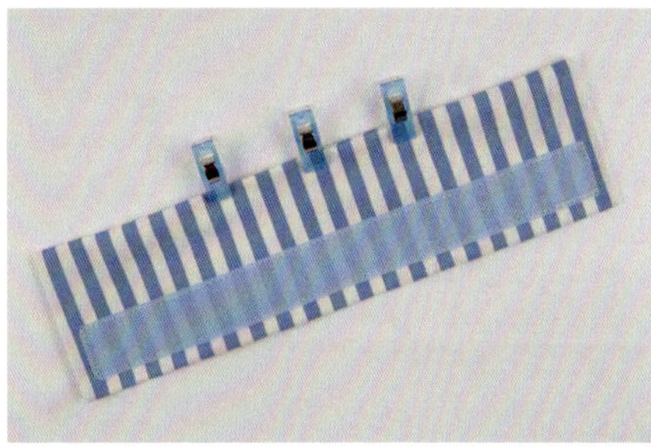

21... Das Innenfutter links auf links in die Außentasche schieben. Den Rand der Außentasche 3 cm nach innen über den Rand des Futters klappen, heften und mit Zickzackstich entlang der Kante feststeppen.

22... Das Flauschband des Klettverschlusses mittig und mit 5 mm Abstand zur Oberkante der Kühltaschenvorderseite heften und rundum knappkantig feststeppen.

23... Die Taschenklappe direkt über die Zickzacknaht an die Kühltaschenrückseite heften. Die Unterkante der Taschenklappe knappkantig sowie füßchenbreit feststeppen. Die Wendeöffnung wird dabei geschlossen.

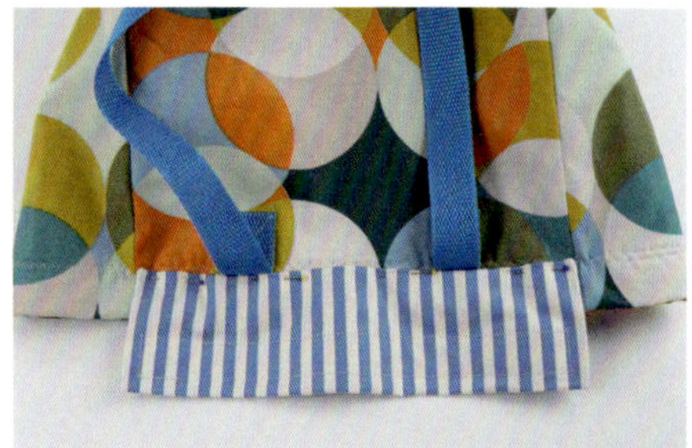

24... Die schmalen Seiten der Tasche mittig nach innen falten und die Tasche mit der Klappe verschließen.

TIPP Noch besser schließt die Kühltasche, wenn Sie zusätzlich an den Seiten je 6 cm Flausch- und Hakenband anbringen.

SHOPPER AUS OILSKIN

TREND Modell

Dieser geräumige Shopper aus robustem Canvas ist gar nicht schwer zu nähen. Durch die Lederdetails wirkt der Markt- oder Shoppingbegleiter modern und leger.

GRÖSSE

35 cm x 40 cm x 10 cm

MATERIAL

- Außenstoff: Canvas, gewachster Canvas (Oilskin) oder fester Baumwollstoff, 140 cm breit, 50 cm
- Innenstoff: leichter Canvas oder Baumwollstoff, 140 cm breit, 50 cm
- Gurtband, 40 mm breit, 1,60 m
- 2 Lederriemen, 2,5 mm stark, 2,5 cm x 26 cm
- 8 Buchschrauben, ø 10 mm (Kopf) / 5 mm (Schaft), 2,5 mm Schafthöhe
- Label zum Aufsteppen (z. B. von einer alten Jeans abgetrennt) (optional)
- farblich passendes Nähgarn
- Lochzange
- Schlitzschraubendreher

TIPP Anstatt Lederriemen zu verarbeiten, können Sie die Tragegriffe auch selbst aus stärkerem Leder zuschneiden oder dafür 25 mm breites Gurtband verwenden. Das Gurtband wird nicht mit Buchschrauben befestigt, sondern stattdessen angenäht.

SCHNITTMUSTERBOGEN A

NAHTZUGABEN

Die Schnittteile enthalten bereits alle erforderlichen Nahtzugaben. Wenn nicht anders angegeben, beträgt die Nahtzugabe beim Nähen 1 cm.

ZUSCHNITT

Die Markierungen vom Schnittmuster auf die Schnittteile übertragen.

Außenstoff

- 2x Korpus
- 1x Boden
- 1x Außentasche

Innenstoff

- 2x Innenfutter
- 1x Innentasche

Fishbone

ANLEITUNG

HINWEIS Gewachste Stoffe nur falzen, nicht bügeln und nur nach Herstellerangabe reinigen.

1... Die Innentasche an der oberen Kante 3 cm nach links bügeln und 1 cm einschlagen. Den Umschlag knappkantig sowie füßchenbreit feststeppen.

2... Die Nahtzugaben an den Seiten und der unteren Kante der Innentasche 1 cm nach links bügeln. Die Tasche markierungsgemäß von rechts auf ein Innenfutterteil heften und knappkantig sowie füßchenbreit feststeppen. Die Teilungsnähte der Innentasche steppen.

3... Die Innenfutterteile rechts auf rechts legen und an den Seiten und am Boden zusammenheften. Die Seitennähte und die Bodennaht schließen, dabei markierungsgemäß eine Wendeöffnung lassen. Die Nahtzugaben auseinanderbügeln

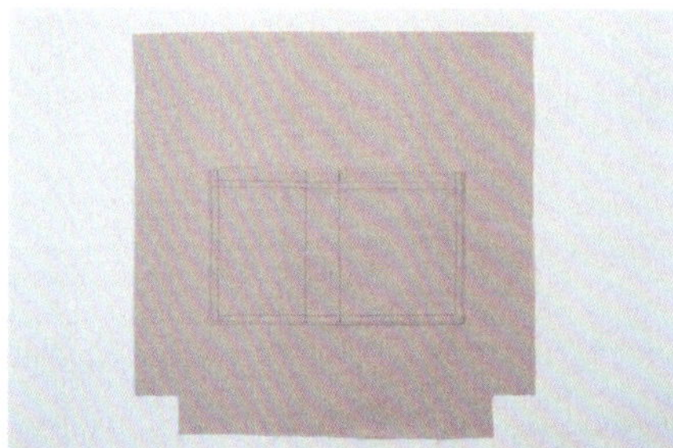

4... Das Innenfutter unten an den offenen Ecken so rechts auf rechts legen, dass die Seitennaht jeweils auf die Bodenmitte trifft und die Kanten bündig liegen. Die beiden Kanten heften und zusammennähen.

5... Die obere Kante an der Außentasche 3 cm nach links bügeln/falzen und 1 cm einschlagen. Den Umschlag knappkantig sowie füßchenbreit feststeppen. Nach Wunsch in einer Taschenecke ein Label aufsteppen.

6... Die Nahtzugaben an den Seiten der Tasche 1 cm nach links bügeln bügeln/falzen. Die Außentasche markierungsgemäß von rechts auf ein Korpusteil heften, die unteren Kanten liegen dabei bündig. Die Außentasche seitlich knappkantig und füßchenbreit feststeppen, an der unteren Kante innerhalb der Nahtzugabe am Korpusteil feststeppen. Senkrechte Teilungsnähte nach Wunsch (z. B. in der Mitte) einzeichnen und doppelt mit füßchenbreitem Abstand der Nähte steppen.

7... Die Korpusteile bündig rechts auf rechts legen, an den Seitenkanten zusammenheften und zusammennähen.

8... Die Nahtzugaben auseinanderbügeln/falzen. Die Nahtzugaben nach Wunsch beidseitig feststeppen, das passt zum coolen Look der Tasche.

9... Das Taschenteil auf links gewendet lassen und rechts auf rechts an eine lange Seite des Bodenteils heften, dabei treffen die Knipse am seitlichen Bereich auf die Bodenecken.

10... Den Boden rechts auf rechts von der Taschenseite aus festnähen. Dafür eine Seite des Taschenteils kantenbündig von Knips zu Knips heften.

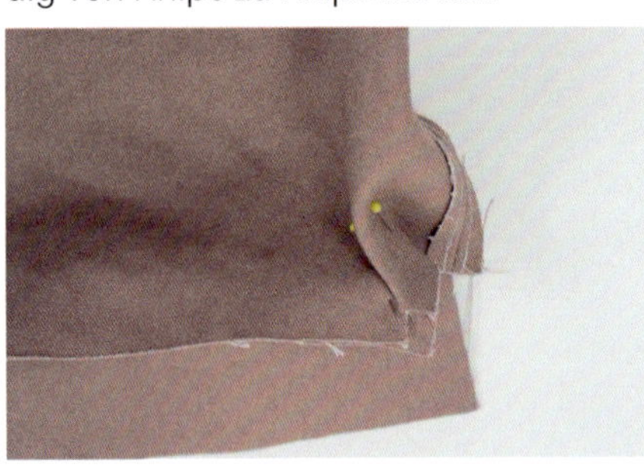

11... Den Korpus ab dem ersten Knips bis zum zweiten Knips bzw. bis in die nächste Ecke des Bodens an den Boden nähen.

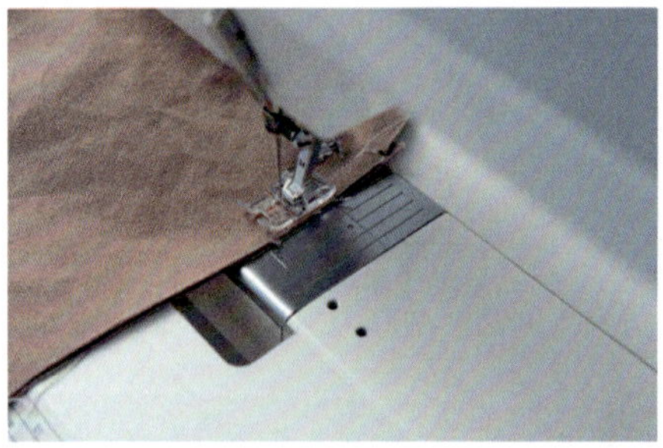

12... Am nächsten Knips bzw. der nächsten Ecke die Nadel im Stoff stecken lassen und den Nähfuß anheben.

13... Das Nähgut um 90 Grad drehen. Die Nahtzugabe und den überschüssigen Stoff glatt nach hinten streichen, durch den Knips legt sich der Stoff besser um die Ecke.

14... Den Nähfuß wieder senken, bis zur nächsten Ecke steppen und die Ecke wie eben beschrieben nähen. Die übrigen Seiten des Bodens genauso nähen.

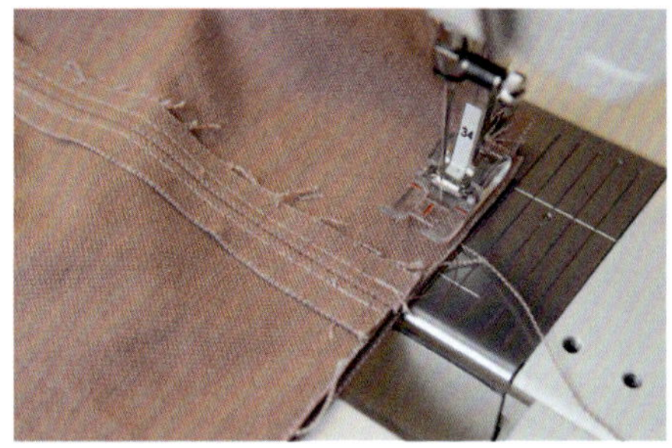

15... An den vier Ecken zur Verstärkung kleine Querriegel steppen, dazu mehrfach mit kleiner Stichlänge vorwärts und rückwärts steppen. Die Nahtzugaben an den Ecken schräg zurückschneiden.

16... Die Tasche auf rechts wenden. Das Gurtband für die Henkel halbieren und die Enden mit Zickzackstich versäubern. Die Henkel markierungsgemäß von rechts so an der Kante des Außenteils festheften, dass die Gurtenden 2 cm über die Taschenkante ragen. Die Gurtenden innerhalb der Nahtzugabe festnähen.

17... Das Außenteil und das Futterteil rechts auf rechts ineinanderschieben und an der oberen Kante zusammenstecken. Die obere Kante zusammennähen.

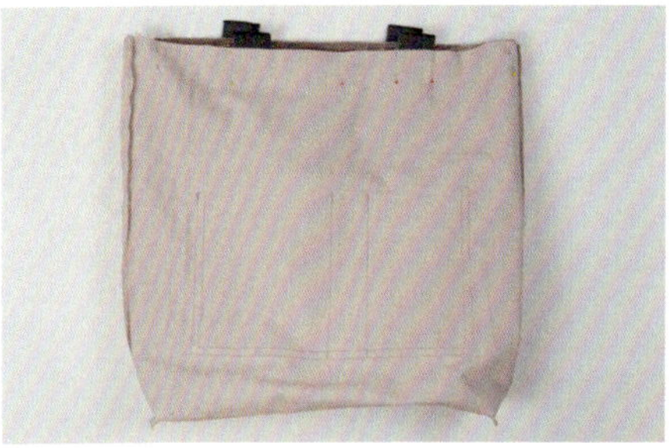

18... Die Tasche durch die Wendeöffnung wenden und die Wendeöffnung knappkantig schließen.

19... Das Innenfutter in die Tasche schieben. Die obere Kante sorgfältig bügeln/falzen und heften.

20... Den oberen Tascherand füßchenbreit sowie 3 cm breit absteppen und die Gurtbänder zusätzlich mit einem Rechteck und Diagonalnähten feststeppen.

21... An den Lederriemenenden mittig und im Abstand von 1 cm und 2,5 cm vom Rand Löcher stanzen. Die Tragegriffe direkt neben den Henkeln und so, dass die Lochungen innerhalb der zwei Nähte der Taschenkante liegen, anlegen. Die Lochungen durchzeichnen.

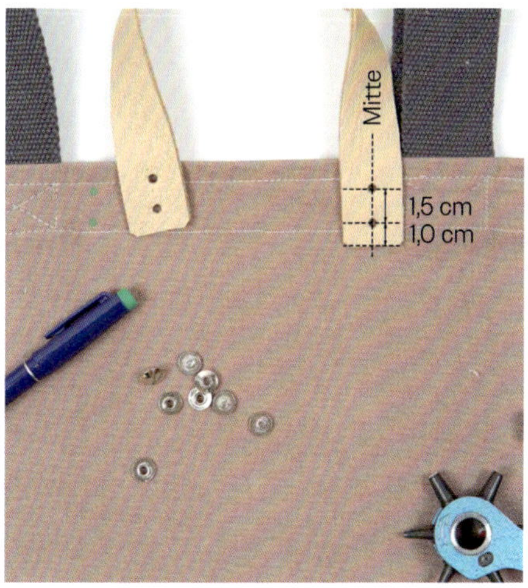

22... Die Taschenkante markierungsgemäß lochen und die Griffe mit Buchschrauben anbringen. Dafür jeweils den unteren Teil der Buchschraube von innen durch die Stoffkante stecken, die Tragegriffe von außen passgenau auf die Lochung legen und mit dem Schraubenoberteil befestigen.

23... Wenn sich die Buchschrauben nicht fest genug anziehen lassen, können Sie innen kleine, passend gelochte Lederstücke einlegen.

HAND
MADE

Geschenke

GESCHIRRTÜCHER AUS WAFFELPIQUÉ

EASY Modell

Geschirrtücher aus hochwertigem Piqué mit Waffelstruktur und hübsch applizierten Herz- und Hausmotiven sind zu jeder Jahreszeit ein tolles und nützliches Geschenk.

GRÖSSE

45 cm x 65 cm

MATERIAL

(FÜR 1 GESCHIRRTUCH)

- Waffelpiqué, 55 cm x 75 cm
- Baumwollstoff in Motivgröße
- doppelseitig aufbügelbares Klebevlies (z. B. Vliesofix) in Motivgröße
- Webband, 10 mm breit, 10 cm
- Label (optional)
- farblich passendes Nähgarn

SCHNITTMUSTERBOGEN A

NAHTZUGABEN

Die Maßangaben enthalten 2 cm Saumzugabe.

ZUSCHNITT

Den Waffelpiqué unbedingt vor dem Zuschnitt bei 60 °C waschen, denn er läuft unterschiedlich stark ein und färbt oft beim ersten Waschen.

Waffelpiqué
1x Geschirrtuch, 49 cm x 69 cm

ANLEITUNG

1... An allen vier Ecken des Geschirrtuchs beidseitig 2 cm markieren und die Kanten von Markierung zu Markierung schräg abschneiden.

2... Für den Saum erst die langen, dann die kurzen Kanten des Geschirrtuchs zweimal 1 cm umfalten und festheften. Das Webband als Aufhänger in einer Ecke quer mit unter den Saum heften.

3... Die umgeschlagenen Kanten rundum knappkantig feststeppen, dabei das Webband mitfassen.

4... Für die Applikation das Vliesofix auf die linke Stoffseite des Baumwollstoffs bügeln. Das Applikationsmotiv auf das Trägerpapier aufzeichnen und ausschneiden. Das Trägerpapier abziehen und das Motiv mit 2,5 cm Abstand zu den Kanten aufbügeln.

5... Das Motiv entlang der Konturen mit etwas enger gestelltem Zickzackstich applizieren. An den Ecken jeweils die Nadel im Stoff stecken lassen oder mit dem Handrad in den Stoff drehen, dabei das Handrad immer zum eigenen Körper hin drehen, nie in die andere Richtung, sonst gibt es Schlaufen. Anschließend das Nähmaschinenfüßchen heben und das Nähgut in die neue Nährichtung drehen. Das Nähmaschinenfüßchen wieder senken. Weiternähen bis zur nächsten Ecke, wo sich der Vorgang wiederholt. Das Nahtende mit Rückstichen sichern.

TIPP Sie können nach Wunsch ein Label neben oder unter der Applikation aufnähen.

HAND Made
HAND MADE

KUSCHELIGES SCHLAFSCHAF

Die Schäfchen eignen sich als Kuscheltier, Kuschelkissen oder Schlafkissen auf Reisen. Selbst Wasser kann den Wollköpfchen nichts anhaben – denn sie sind bei 60 Grad waschbar.

GRÖSSE

Klein 35 cm x 25 cm

Groß 50 cm x 35 cm

Die Angaben für die einzelnen Größen sind durch Schrägstriche getrennt.

MATERIAL

- Teddyplüsch aus Baumwolle, 140 cm breit, 25 cm / 35 cm
- Jeansstoff oder fester Baumwollstoff, Reste
- 300 g / 500 g Füllwatte oder Füllflocken
- farblich passendes Nähgarn
- 2 Knöpfe in Schwarz, ø 12 mm / 15 mm, alternativ Stick- oder Wollgarn in Schwarz

SCHNITTMUSTERBOGEN B

NAHTZUGABEN

Alle Teile mit 1 cm Nahtzugabe zuschneiden.

ZUSCHNITT

Die Markierungen vom Schnittmuster auf die Schnittteile übertragen.

Teddyplüsch
- 2x Körper gegengleich
- 2x Ohr

Jeansstoff
- 2x Kopf gegengleich
- 8x Fuß, je 4x gegengleich
- 2x Ohr

ANLEITUNG

1... Die Kopfteile markierungsgemäß rechts auf rechts an die Körperteile heften.

2... Die Kopfteile feststeppen, Nahtbeginn und -ende mit Rückstichen sichern. Die Nahtzugaben in Richtung Körper bügeln.

3... Für die Ohren je ein Plüschteil rechts auf rechts auf ein Jeansteil heften und die Teile zusammensteppen. Die untere Kante bleibt zum Wenden offen. Nahtbeginn und -ende jeweils mit Rückstichen sichern. Die Nahtzugaben auf 5 mm zurückschneiden und an den Rundungen bis 2 mm vor der Naht einschneiden. Die Ohren wenden und sorgfältig ausformen.

4... Die Schnittteile für die vier Füße rechts auf rechts aufeinanderlegen, heften und zusammennähen. Die obere Kante bleibt zum Wenden offen. Nahtbeginn und -ende jeweils mit Rückstichen sichern. Die Nahtzugaben auf 5 mm zurückschneiden und an den Rundungen bis 2 mm vor der Naht einschneiden. Die Füße wenden und sorgfältig ausformen.

5... Ohren und Füße mit Füllwatte ausstopfen. Bei den Füßen oben 2 cm ungefüllt lassen, damit die Füße problemlos am Körper festgenäht werden können. Füße an den Oberkanten mit Steppnähten schließen.

6... Je zwei Füße markierungsgemäß und wie abgebildet an das rechte Körperteil heften und innerhalb der Nahtzugabe feststeppen.

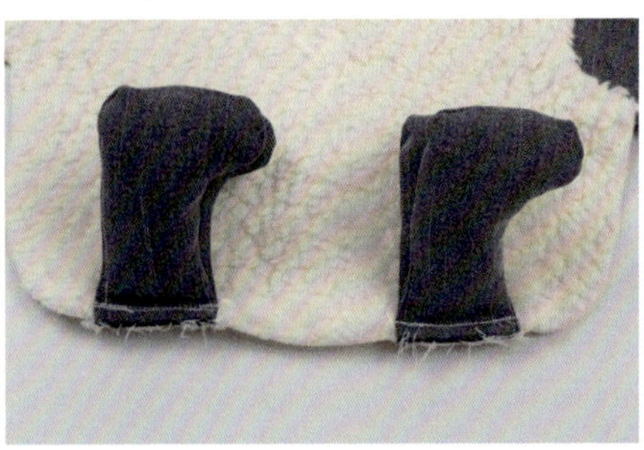

7... Die Körperteile rechts auf rechts aufeinanderlegen, die Füße liegen zwischen den Schichten. Heften und zusammennähen, dabei markierungsgemäß zwischen den Füßen eine Wendeöffnung lassen. Nahtbeginn und -ende jeweils mit Rückstichen sichern.

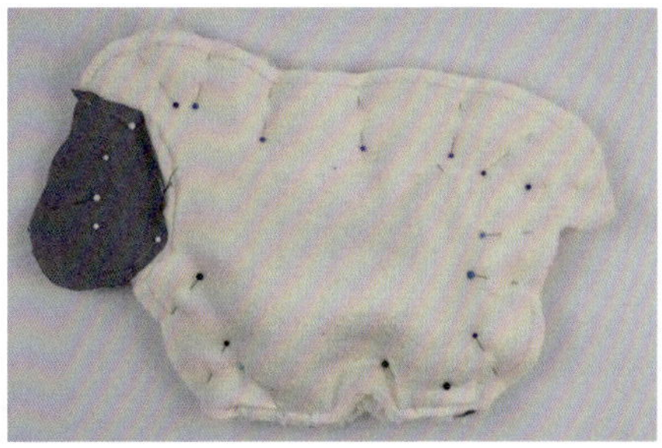

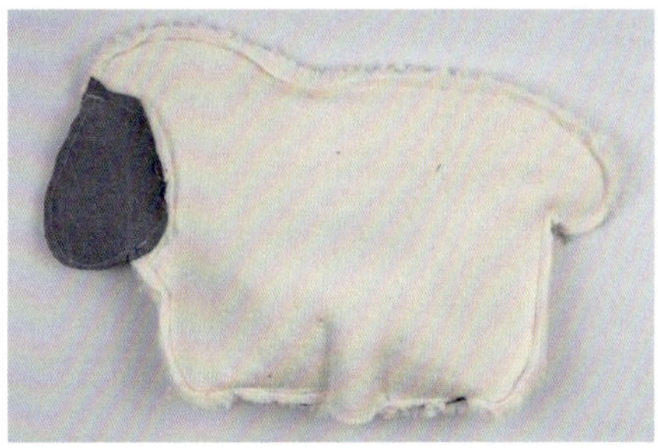

8... Das Schaf wenden und mit Füllwatte ausstopfen. Die Wendeöffnung von Hand (z. B. mit Überwendlingsstichen) schließen.

9... Die Nahtzugaben an der Unterkante der Ohren nach innen falten und die Öffnung von Hand zunähen.

10... Die Ohren von Hand (z. B. mit Überwendlingsstichen) an den Körper nähen.

11... Die Knöpfe als Augen annähen.

Bitte beachten: An Schlafschafen für Kinder unter drei Jahren sollten keine Knöpfe angenäht werden, da sie verschluckt werden können. Malen Sie die Augen stattdessen mit Textilstift oder nähen Sie sie mit Stick- oder Wollgarn auf.

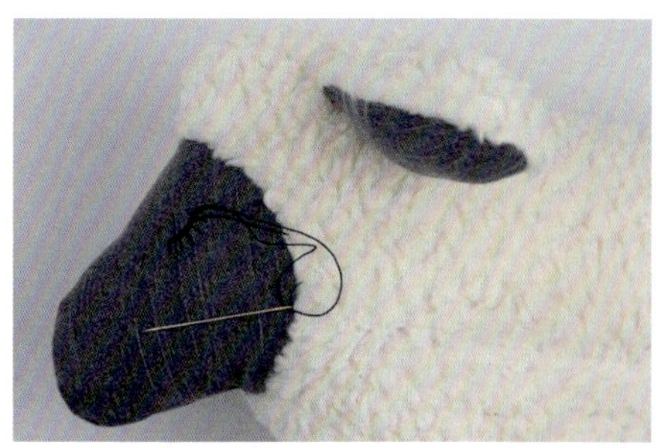

KNIETABLETT MIT KISSEN

Eine feste Holzunterlage auf einem angenehm weichen Kissen – und schon können Sie Ihr Notebook überall bequem und vor allem auch gesundheitsschonend benutzen. Man kann das Knietablett aber auch verwenden, um im Sitzen gemütlich zu lesen oder zu schreiben, im Auto darauf zu malen oder zu spielen oder auf dem Sofa zu essen.

GRÖSSE

Kissen 45 cm x 35 cm x 10 cm

Tablett 40 cm x 30 cm x 1,2 cm

MATERIAL

- Multiplex-Holzplatte, 12 mm stark, 40 cm x 30 cm
- Rechteckleiste, 15 mm x 8 mm, 40 cm lang
- fester Baumwollstoff, 110 cm x 70 cm
- Jersey in Weiß, 120 cm x 50 cm
- farblich passendes Nähgarn
- Spiralreißverschluss, 45 cm lang
- Klettband: Haken- und Flauschband, je 90 cm lang
- 16 l Styroporgranulat (3–5 mm) oder 1,6 kg Dinkelspelz
- Kraftkleber
- Holzleim
- Holzlasur, Holzöl oder Holzwachs
- Jerseynadel mit Kugelspitze
- Reißverschlussfüßchen
- Schleifpapier
- Schraubzwingen

TIPP Sie können das Innenkissen auch aus einem dünnen Webstoff statt aus Jersey nähen. Beachten Sie bei der Wahl der Füllung, dass sich Dinkelspelzen eher kühl anfühlen und etwas schwerer sind als Styroporgranulat. Styropor speichert hingegen die Körperwärme, sodass sich das Kissen angenehm warm auf dem Schoß anfühlt.

SCHNITTMUSTER-BOGEN B

NAHTZUGABEN

Das Schnittmuster und die Maße enthalten 1 cm Nahtzugabe.

ZUSCHNITT

Jersey in Weiß
- 2x Innenkissen

Baumwollstoff
- 1x Griff, 22 cm x 8 cm
- 1x Oberseite, 47 cm x 37 cm
- 1x schmales Bodenteil, 47 cm x 20 cm
- 1x breites Bodenteil, 47 cm x 24 cm
- 2x kurzes Seitenteil, 37 cm x 12 cm
- 2x langes Seitenteil, 47 cm x 12 cm

ANLEITUNG

1... Für das Tablett die Flächen der Holzteile mit Schleifpapier schleifen und die Kanten leicht abrunden.

2... Die Rechteckleiste mit Holzleim an einer langen Kante bündig auf die Holzplatte kleben. Mit Schraubzwingen fixieren, dabei zusätzlich eine Leiste oder Pappe unterlegen, damit die Schraubzwingen keine Druckspuren hinterlassen. Trocknen lassen.

3... Das Tablett mit Holzlasur, Holzöl oder Holzwachs behandeln. Trocknen lassen.

4... Das Flauschband in drei Stücke à 30 cm teilen. Mit Kraftkleber nach Herstelleranleitung in den auf dem Foto gezeigten Abständen auf die Unterseite des Tabletts kleben.

5... Für das Innenkissen die beiden Stoffzuschnitte rechts auf rechts legen und die vier langen Kanten heften. Die Jerseynadel in die Nähmaschine einwechseln und die vier Kanten zusammennähen, dabei die inneren Ecken aussparen und an einer langen Kante eine 15 cm lange Wendeöffnung lassen.

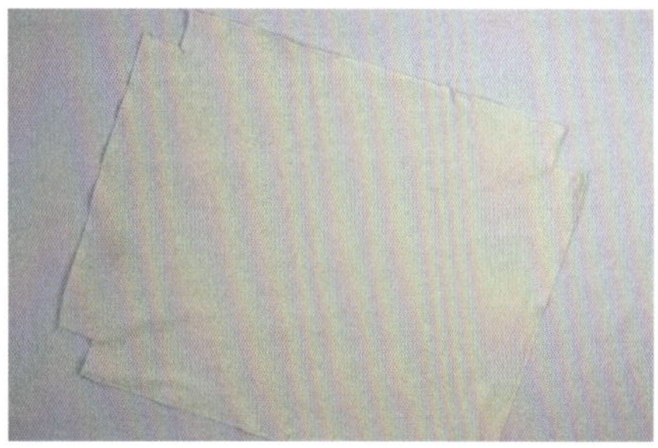

6... Die Stofflagen auseinanderziehen, die Kanten der inneren Ecken rechts auf rechts legen, sodass die Seitennähte aufeinandertreffen, und zusammennähen.

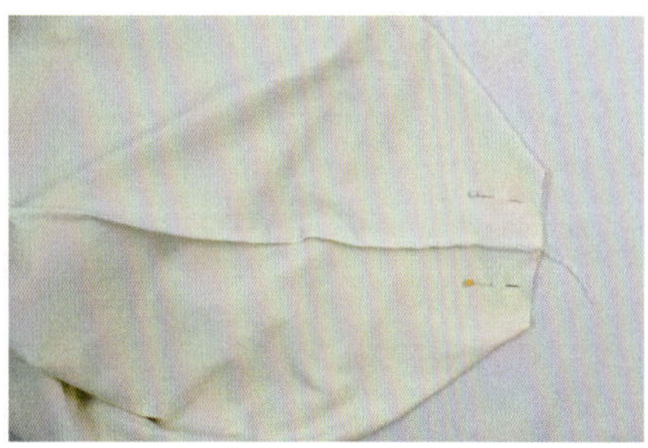

7... Den Innenkissenbezug auf rechts wenden und mit Styroporkugeln oder Dinkelspelzen nicht zu prall füllen. Die Wendeöffnung mit Stecknadeln oder Klammern provisorisch schließen. Das Kissen zusammen mit Tablett und Laptop auf dem Schoß ausprobieren und gegebenenfalls noch Füllmaterial nachfüllen oder entnehmen. Die Öffnung anschließend mit der Nähmaschine schließen.

8... Für die äußere Kissenhülle an jedem Bodenteil eine lange Kante mit Zickzackstich oder mit der Overlockmaschine versäubern. Den Reißverschluss mit der Oberseite nach unten entlang der versäuberten Kante des schmalen Bodenteils (auf der rechten Stoffseite) feststecken und mit dem Reißverschlussfüßchen annähen.

9... Die Naht sauber ausbügeln und den Reißverschluss von rechts knappkantig absteppen.

10... Das schmale Bodenteil rechts auf rechts auf das breite Bodenteil legen. Die andere Hälfte des Reißverschlusses an der versäuberten Kante des breiten Bodenteils feststecken und annähen.

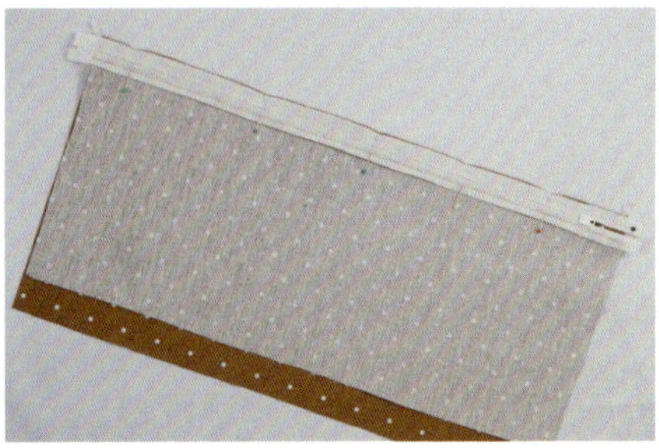

11... Das breite Bodenteil in einer Falte über den eingenähten Reißverschluss legen, so dass die Höhe des gesamten Bodens exakt 37 cm beträgt. Der Boden sollte nun genauso groß sein, wie die Oberseite. Die Falte zunächst von der rechten Stoffseite aus feststecken, anschließend von links entlang des Reißverschlusses.

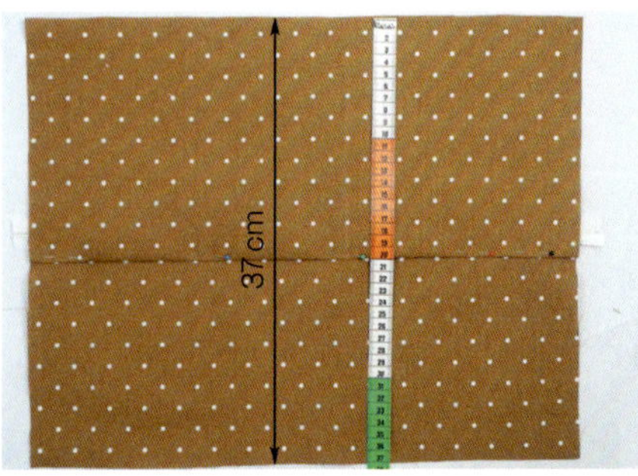

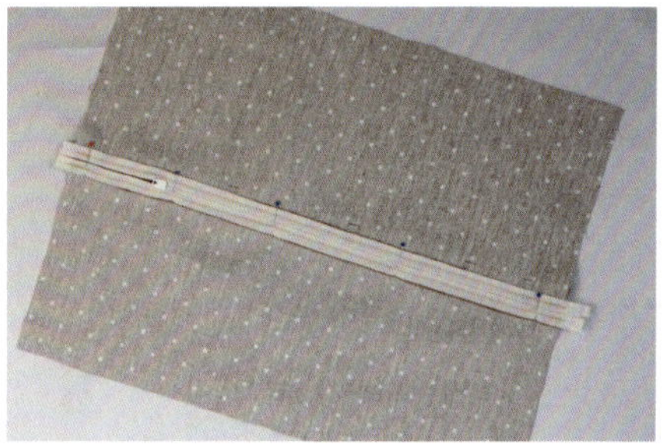

12... Den Reißverschluss nochmals von links entlang der bereits vorhandenen Naht feststeppen, um die Falte zu fixieren. Die offenen Kanten der Falte seitlich innerhalb der Nahtzugabe mit einer Steppnaht fixieren, dabei mehrfach über den Reißverschluss steppen. Überstehende Reißverschlussenden abschneiden.

13... Die restlichen Kanten des Bodens sowie alle anderen Schnittteile – bis auf den Griff – rundum mit Zickzackstich oder mit der Overlockmaschine versäubern.

14... Alle Kanten des Griffs 1 cm auf links umbügeln. Das Schnittteil der Länge nach links auf links falten und alle Kanten rundum knappkantig absteppen. Den Griff genau mittig auf ein langes Seitenteil heften und beidseitig mit einem Quadrat und Quernähten feststeppen.

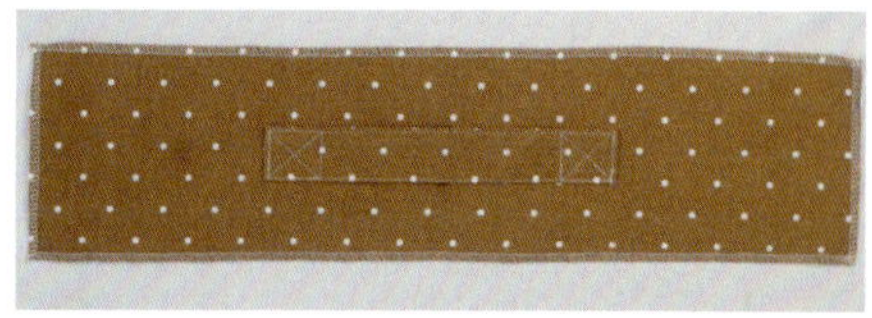

15... Das Hakenband in drei Stücke à 30 cm teilen und wie auf dem Foto gezeigt auf die rechte Stoffseite der Oberseite heften. Die Bänder rundum feststeppen.

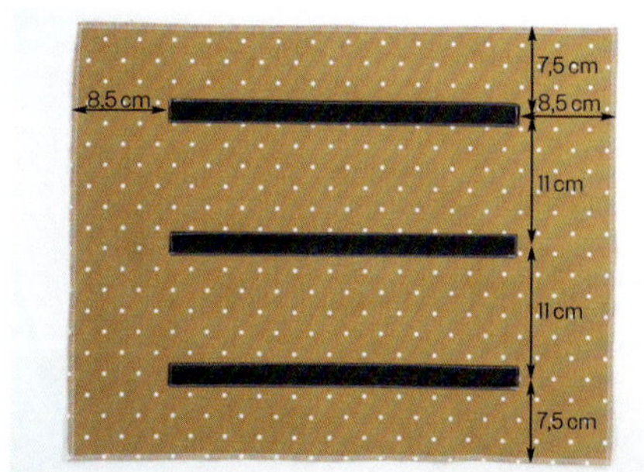

16... Die Seitenteile an den kurzen Kanten rechts auf rechts heften (die langen und die kurzen Seiten gegenüberliegend) und zu einem Ring zusammennähen. Dabei immer nur bis zu den Nahtzugaben steppen und die Nahtanfänge und -enden sorgfältig mit Rückstichen sichern.

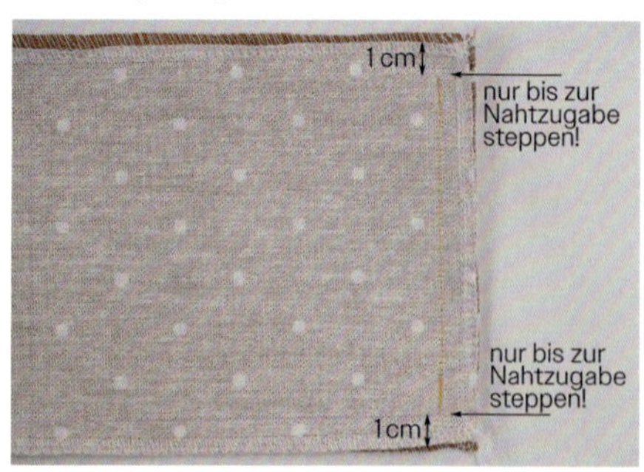

17... Die Nahtzugaben auseinanderbügeln.

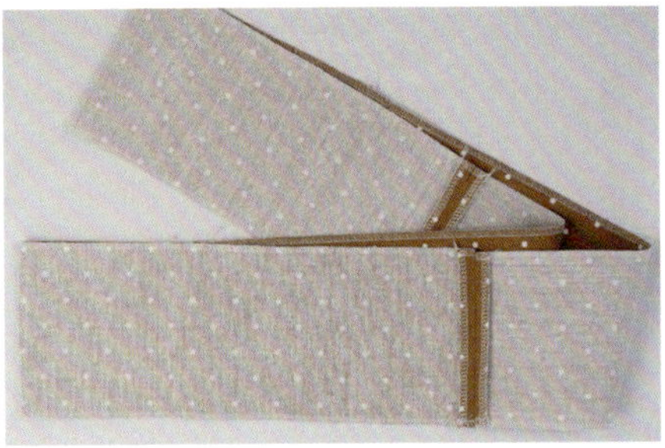

18... Die Seitenteile rechts auf rechts an die Oberseite heften.

19... Die Seitenteile rundum feststeppen, dabei in der Mitte einer Seite beginnen und die Teile bis 1 cm vor der ersten Ecke zusammennähen. Über die umgebügelte Nahtzugabe steppen und exakt bis an die Naht am Seitenteil nähen.

20... Die Nadel im Stoff stecken lassen, den Nähfuß anheben und das Nähgut um 90 Grad drehen. Die Nahtzugabe und den überschüssigen Stoff glatt nach hinten streichen.

21... Den Nähmaschinenfuß wieder senken und weiter bis zur nächsten Ecke nähen. Alle Ecken nach dieser Methode nähen. Das Nahtende verriegeln. Die Nahtzugaben auseinanderbügeln.

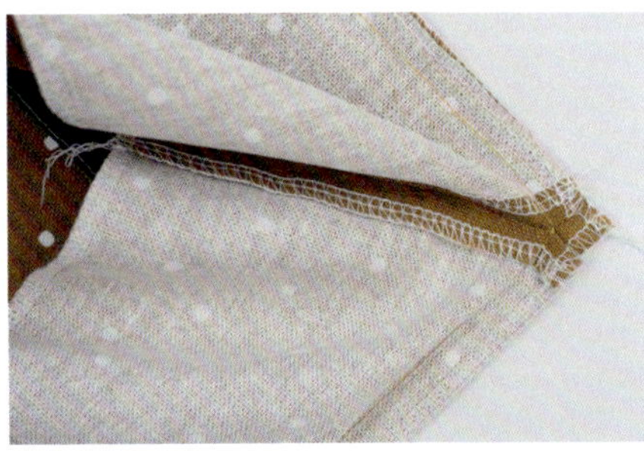

22... Die Seitenteile genauso rechts auf rechts am Boden feststeppen. Den Reißverschluss zuvor mindestens 10 cm öffnen. Die Nahtzugaben auseinanderbügeln.

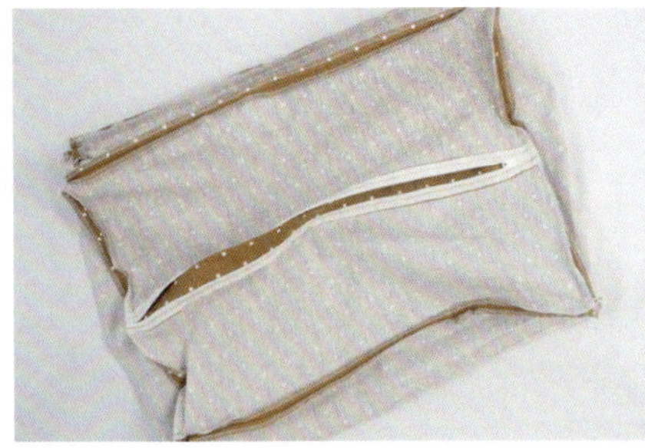

23... Die Kissenhülle auf rechts wenden und die Ecken sorgfältig ausformen. Das Innenkissen in die Hülle schieben und den Reißverschluss schließen.

24... Zum Schluss die Holzplatte ankletten und das Knietablett ist einsatzbereit.

LUSTIGE LANGOHREN

Ob Kuscheltier oder Osterdeko – die lustigen Langohren werden Sie auf jeden Fall lieben und auch gerne verschenken!

GRÖSSE

Klein 10 cm x 26 cm

Groß 13 cm x 35 cm

Die Angaben für die einzelnen Größen sind durch Schrägstriche getrennt.

MATERIAL

- Stoff 1: Plüschstoff in Braun, 40 cm x 30 cm / 45 cm x 35 cm
- Stoff 2: Teddyplüsch in Weiß, Rest
- doppelseitiges Klebevlies (z. B. Vliesofix)
- 3 Bügelpunkte oder Bügelvliesrest
- 120 g / 150 g Füllwatte oder Füllflocken
- farblich passendes Nähgarn
- 2 Sicherheitsaugen (alternativ Perlen oder Knöpfe) in Schwarz, ø 8 mm
- samtartig beflockte Sicherheitsnase in Rosa, 15 mm hoch

SCHNITTMUSTER-BOGEN A

NAHTZUGABEN

Alle Teile mit 1 cm Nahtzugabe zuschneiden.

ZUSCHNITT

Vor dem Zuschnitt der Teile aus Stoff 2 Klebevlies auf die linke Plüschseite bügeln. Die Schnittteile auf das Trägerpapier aufzeichnen und zuschneiden. Die Markierungen von den Schnittmustern auf die Schnittteile übertragen.

Stoff 1
- 2x Körper gegengleich

Stoff 2
- 1x Bauch
- 1x Schwänzchen
- 2x Innenohr gegengleich

ANLEITUNG

1... Das Trägerpapier an den Schnittteilen für Bauch, Schwänzchen und Innenohren abziehen.

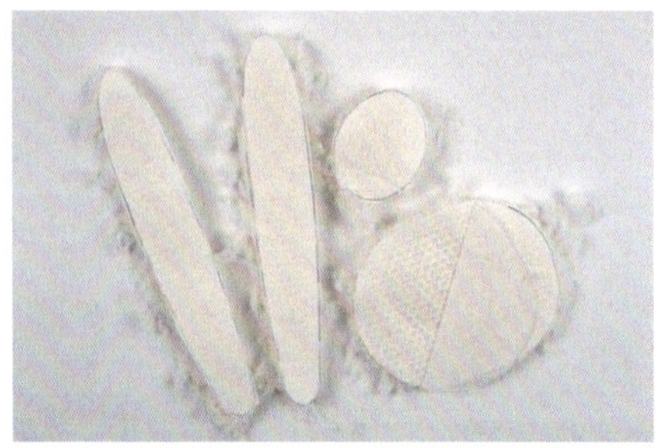

2... Innenohren, Bauch und Schwänzchen markierungsgemäß und durch ein feuchtes Tuch auf die rechte Plüschseite der Körperteile aufbügeln und rundum mit Zickzackstich applizieren.

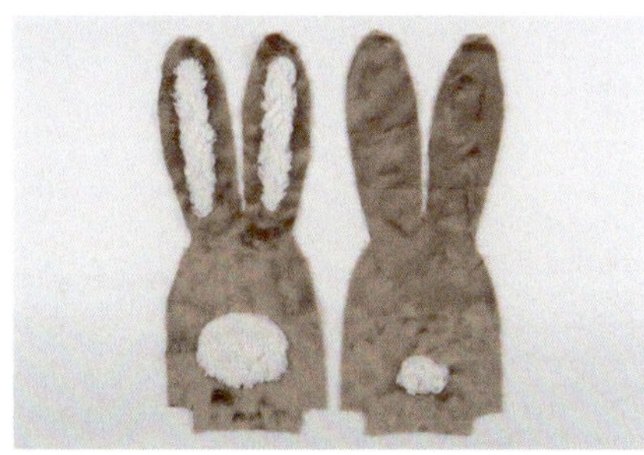

3... Bügelpunkte oder rund zugeschnittenes Bügelvlies markierungsgemäß an den Positionen für die Augen und die Nase auf die linke Plüschseite des vorderen Körperteils aufbügeln und wie markiert (passend zu Sicherheitsaugen und Sicherheitsnase) lochen.

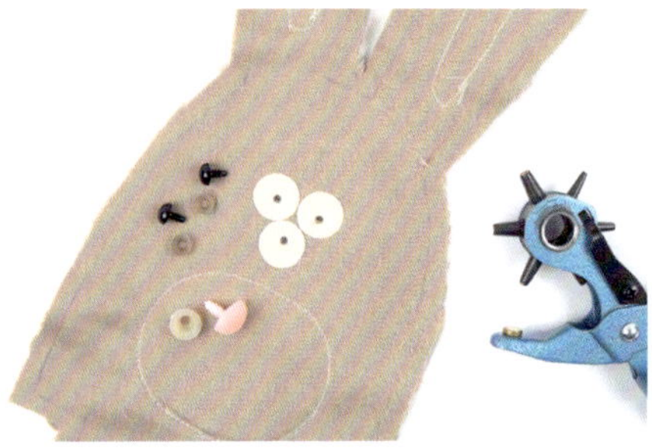

4... Augen und die Nase nach Herstellerangaben anbringen. Alternativ für die Augen Knöpfe oder Perlen annähen, die Nase aus Filz ausschneiden und von Hand aufnähen. Bei Hasen für Kinder unter drei Jahren Augen und Nase mit Stick- oder Wollgarn von Hand aufsticken.

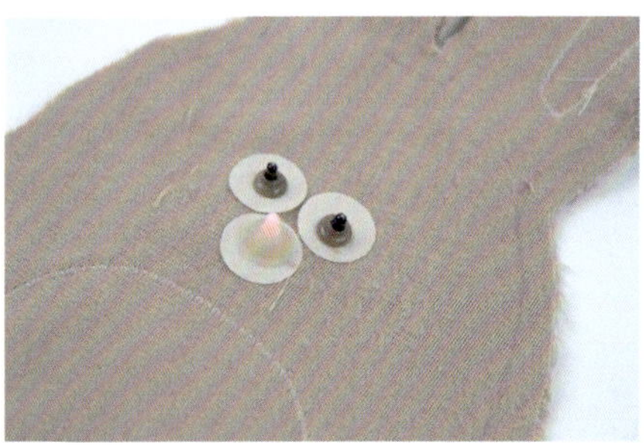

5... Die Körperteile rechts auf rechts aufeinanderlegen und heften.

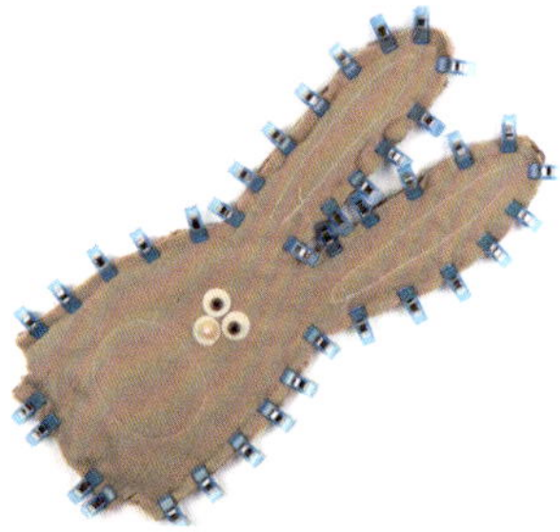

6... Die Körperteile entlang der durchgehenden Seitennähte mit Kopf und Ohren und der Bodennaht zusammennähen. Am Boden markierungsgemäß eine Wendeöffnung lassen. Nahtbeginn und -ende mit Rückstichen sichern. Die Nahtzugaben an den Rundungen auf 5 mm zurückschneiden und in den Ecken v-förmig einschneiden.

7... Die Stofflagen auseinanderziehen und die Kanten an den Bodenecken aufeinanderlegen und heften, dabei die Nahtzugaben auseinanderfalten.

8... Die Kanten am Boden zusammennähen. Die Nahtzugaben auf 5 mm zurückschneiden.

9... Den Hasen auf rechts wenden und sorgfältig ausformen. Anschließend mithilfe eines alten Borstenpinsels mit Füllwatte ausstopfen. Die Wendeöffnung von Hand (z. B. mit Überwendlingsstichen) schließen.

ORDNUNGSKÖRBCHEN AUS WASCHPAPIER

TREND Modell

Waschpapier ist ideal für diese individuell gestalteten Ordnungshelfer, denn es ist sehr reißfest, lässt sich gut mit einer gewöhnlichen Nähmaschine vernähen und problemlos in der Waschmaschine waschen.

GRÖSSE

Groß 15 cm hoch, Standfläche 13 cm x 13 cm

Mittel 10 cm hoch, Standfläche 16 cm x 16 cm

Klein 11 cm hoch, Standfläche 11 cm x 11 cm

MATERIAL

- Waschpapier in Weiß oder Hellrosa, 60 cm x 40 cm / 70 cm x 35 cm / 50 cm x 30 cm
- Waschpapier in Braun, 35 cm x 10 cm / 45 cm x 8 cm / 10 cm x 2,5 cm
- T-Shirt-Transferfolie
- Zieretikett (optional)
- farblich passendes Nähgarn
- 2 / 4 / 1 Buchschrauben in Silber, ø 10 mm, 2 mm Schafthöhe, alternativ Nieten, ø 10 mm
- schnell trocknender Holzleim oder Alleskleber

SCHNITTMUSTERBOGEN A+B

MOTIVE UND SCHRIFTZÜGE

Im Internet finden Sie zahlreiche Motive oder Schriftzüge, die Sie kostenlos oder gegen eine kleine Gebühr herunterladen und als Druckmotive verwenden können (z. B. nach „Plotterdateien kostenlos“ oder „Sprüche/Motive zum Ausdrucken“ suchen).

NAHTZUGABEN

In den angegebenen Maßen sind 1 cm Nahtzugabe und 3 cm Saumzugabe enthalten.

ZUSCHNITT

Die Markierungen und die Knipse auf das Seitenteil übertragen.

Waschpapier in Weiß

- 1x Seitenteil
- 2x Boden

Waschpapier in Braun

- Großes Körbchen: 2x Henkel, 32 cm x 3 cm
- Mittleres Körbchen: 4x Griff, 21 cm x 2,5 cm
- Kleines Körbchen: 1x Lasche, 10 cm x 2,5 cm

WASCHPAPIER VERARBEITEN

Hinweise zur Verarbeitung von Waschpapier finden Sie auf Seite 72.

ANLEITUNG

1... Das Motiv bzw. den Schriftzug mit dem Tintenstrahldrucker spiegelverkehrt auf die Transferfolie drucken. Das auf Transferpapier gedruckte Bügelmotiv knappkantig ausschneiden. Das Bügelmotiv nach Herstellerangaben auf das Seitenteil bügeln. Das Transferpapier nicht abziehen, sondern als Schutz während der Verarbeitung auf dem Motiv belassen.

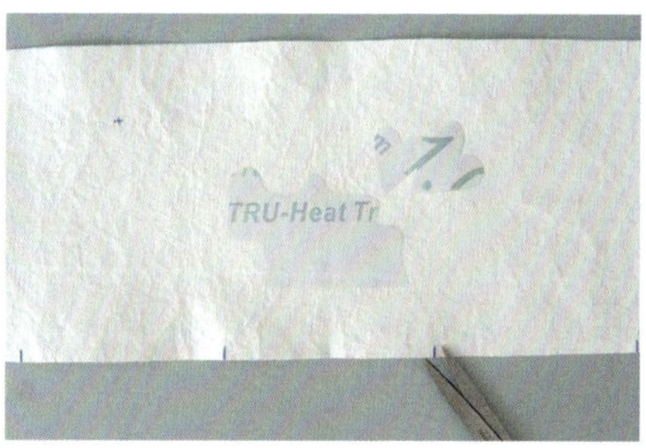

TIPP Sie können das Seitenteil alternativ auch mit einer anderen Technik verzieren, z. B. bestempeln oder färben. Anleitungen dazu finden Sie auf Seite 72 („Waschpapier verzieren").

2... Die Knipse 8 mm tief einschneiden.

3... Die Saumzugabe am oberen Rand des Seitenteils mit Dampf und etwas Druck 3 cm nach links umbügeln, sodass sie glatt liegt. Anschließend wieder aufklappen.

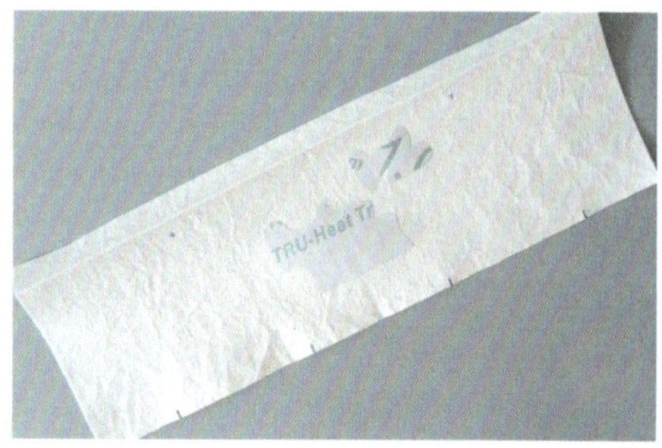

4... Die kurzen Seiten des Seitenteils rechts auf rechts legen und mit Klammern fixieren.

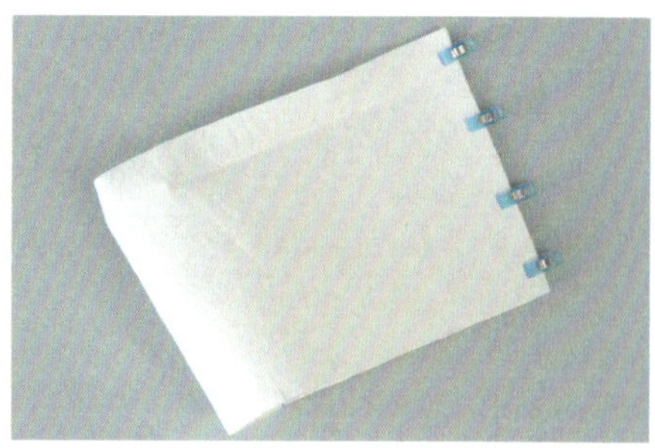

FÜLL
mich
100%
EINZEL
STÜCK
Socken
SAMMLER

5... Die Seitennaht mit Geradstich schließen. Nahtbeginn und -ende mit Rückstichen sichern. Die Nahtzugabe auf 5 mm zurückschneiden und auf eine Seite falzen.

6... Das Seitenteil rechts auf rechts an den Außenboden heften, dabei treffen die Knipse exakt auf die Bodenecken und die Seitennaht liegt in der Mitte einer Seite. Durch die Knipse lässt sich die Nahtzugabe sauber anlegen und das Seitenteil problemlos an den Boden heften.

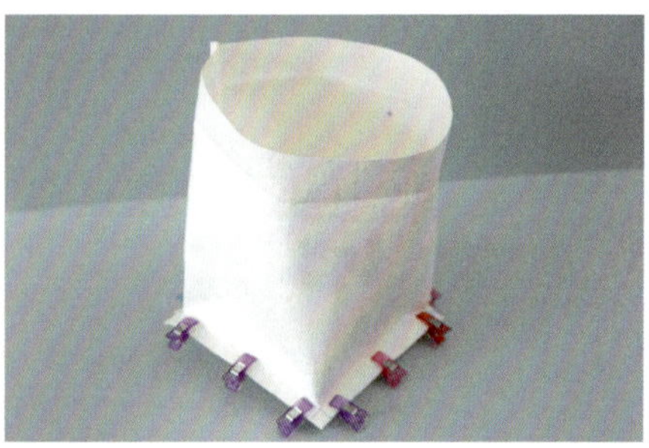

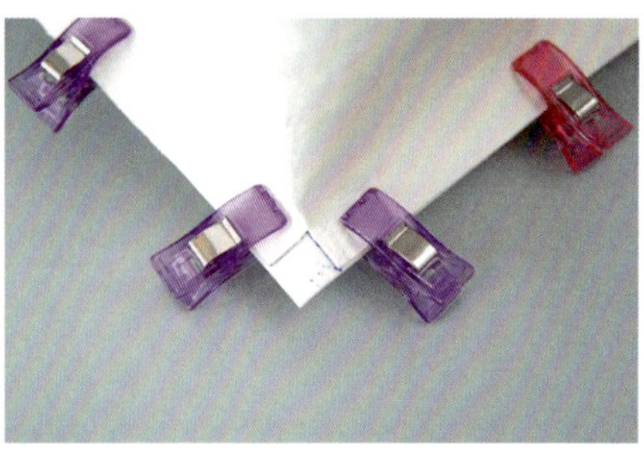

7... Das Seitenteil am Außenboden feststeppen. Dazu die Teile in der Mitte einer Seite beginnend exakt bis 1 cm vor der ersten Ecke zusammennähen, dann die Nadel im Nähgut stecken lassen.

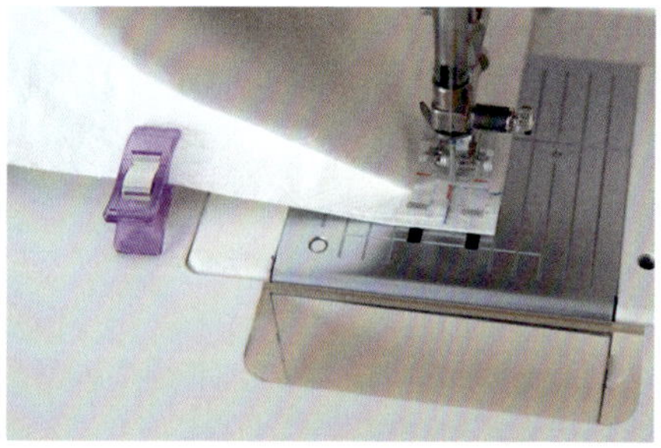

8... Den Nähfuß anheben und das Nähgut um 90 Grad drehen. Das Waschpapier so nach hinten streichen, dass es möglichst glatt liegt. Den Nähfuß wieder senken und bis zur nächsten Ecke steppen, wo sich der beschriebene Vorgang wiederholt.

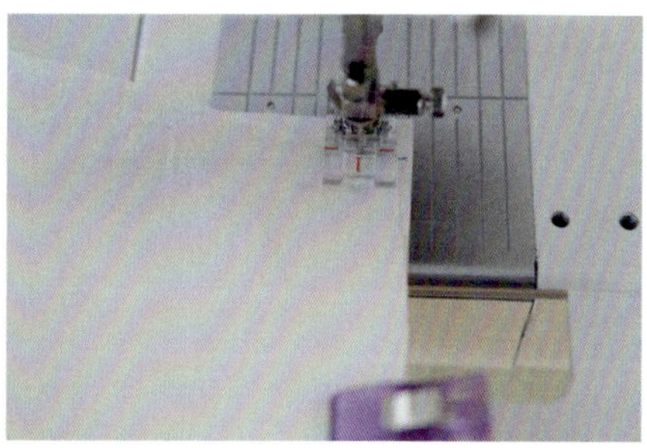

9... An den Ecken kleine Querriegel als Verstärkung steppen.

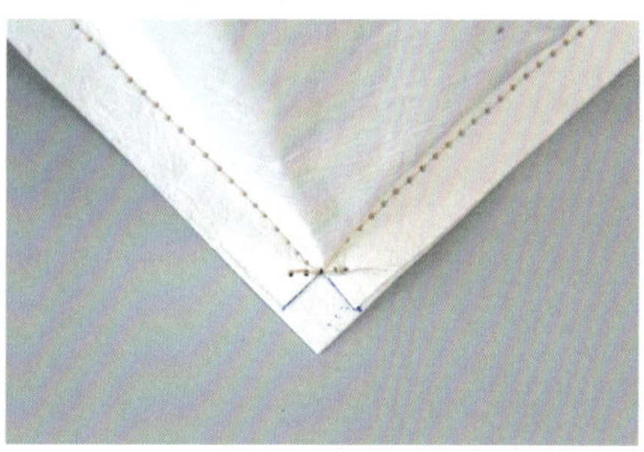

10... Die Nahtzugabe auf 5 mm zurückschneiden und an den Ecken abschrägen.

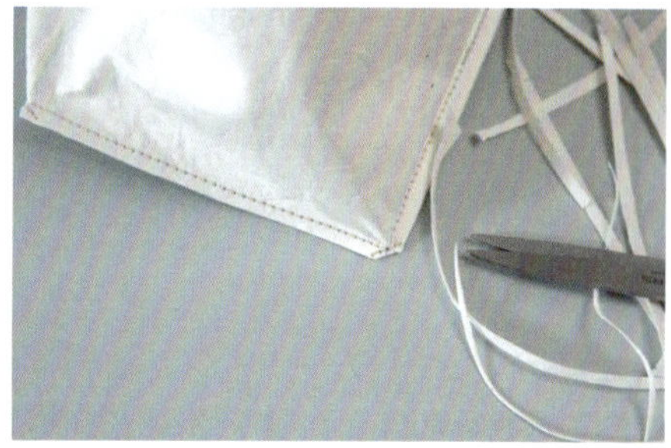

11... Das Körbchen auf rechts wenden. Den Rand des Körbchens am Bügelfalz 3 cm nach innen einklappen und mit Klammern fixieren. Den Rand knappkantig feststeppen.

12... Die Henkelstreifen für den großen Korb linksseitig mit Holzleim oder Alleskleber bestreichen, nach Herstellerangabe aufeinanderkleben und trocknen lassen. Für den mittleren Korb auf diese Weise zwei Griffe fertigen. Die Lasche für den kleinen Korb muss nicht verklebt werden.

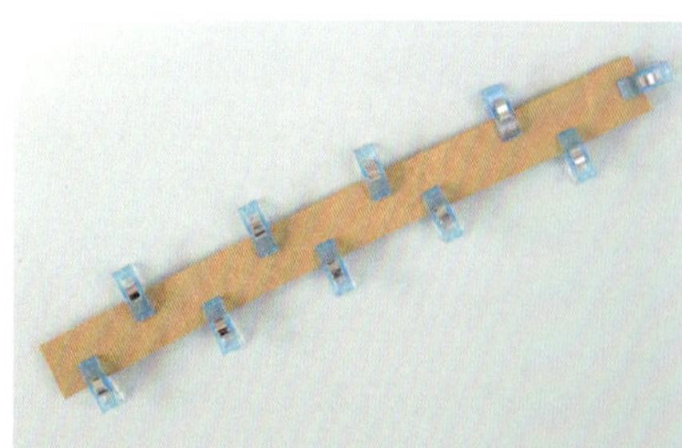

13 ... Den Henkel bzw. die Griffe rundum knappkantig absteppen und an beiden Enden mittig und in der passenden Größe für die Buchschrauben lochen. Kleines Körbchen: Die Lasche für das kleine Körbchen mittig falten und am unteren Rand bei doppelter Lage lochen.

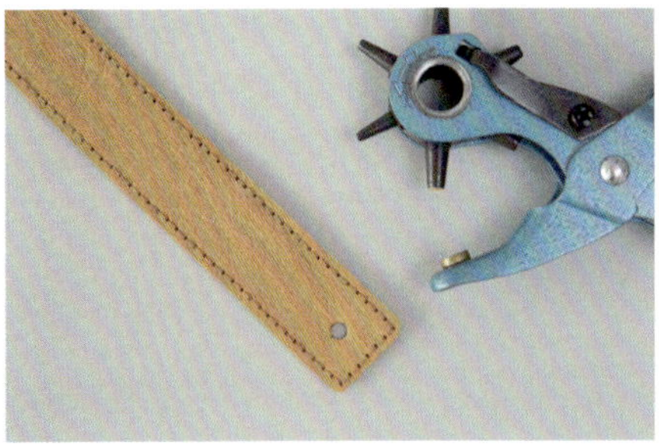

14 ... Den Korbrand markierungsgemäß lochen.

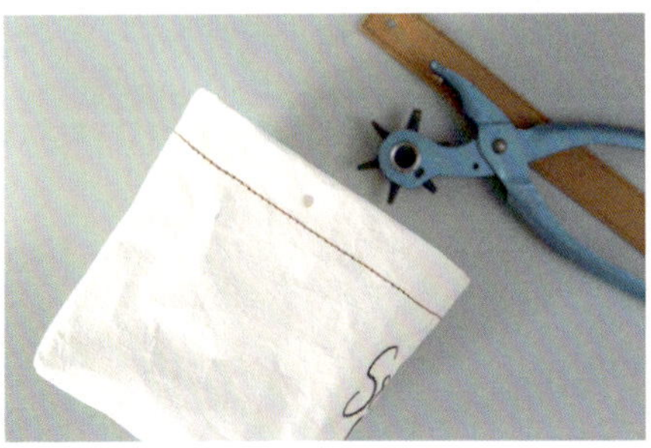

15 ... Den Henkel, die Griffe bzw. die Lasche mithilfe der Buchschrauben oder Nieten am Körbchen befestigen. Sollten die Schrauben zu locker sitzen, können Sie innen kleine gelochte Quadrate aus Waschpapier zwischen die Schrauben legen.

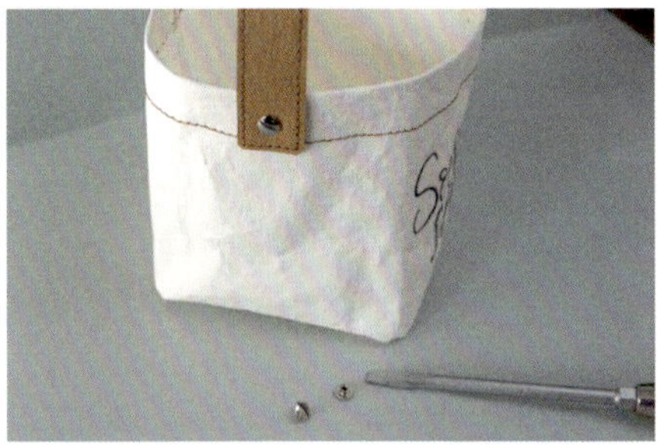

16 ... Nach Wunsch am oberen Rand ein kleines Zieretikett annähen

17 ... Die Nahtzugabe an den Ecken des Innenbodens im 45-Grad-Winkel abschrägen.

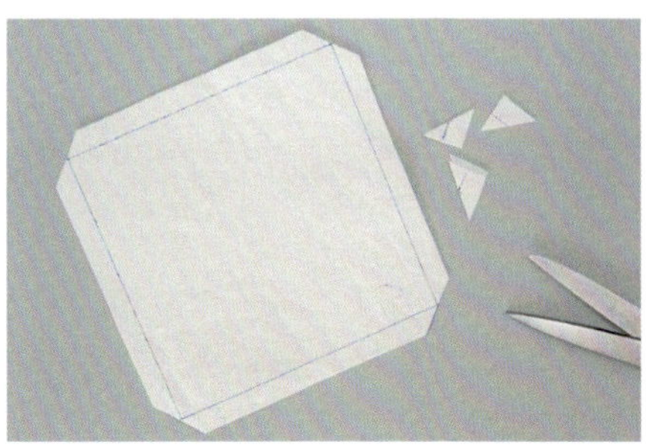

18 ... Die Kanten des Innenbodens rundum 1 cm nach links bügeln und mit Klammern fixieren.

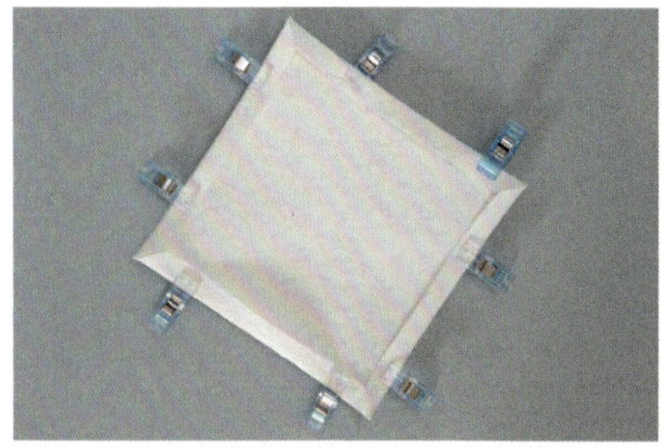

19 ... Die Kanten rundum füßchenbreit absteppen.

20 ... Den Innenboden in das Körbchen legen.

XXL-MUSSELINTUCH

TREND Modell

Der Herbst wird bunt - wir nähen tolle Musselintücher für die ganze Familie! Musselin Double Gauze ist dafür super geeignet. Der doppellagige Stoff aus reiner Baumwolle ist kuschelig und weich. Die Lagen sind punktuell miteinander verbunden und der Stoff erhält beim Waschen eine herrlich gekreppte Oberfläche.

GRÖSSE

XL (Jugendliche und Erwachsene) 135 cm x 135 cm

L (Kinder 10–14 Jahre) 95 cm x 95 cm

M (Kinder 6–10 Jahre) 75 x 75 cm

S (Kinder 2–6 Jahre) 50 cm x 50 cm

Die Angaben für die einzelnen Größen sind durch Schrägstriche getrennt.

MATERIAL

- Musselin Double Gauze, 140 cm breit,
  - Farbe 1: 60 cm / 45 cm / 40 cm / 30 cm
  - Farbe 2: 60 cm / 45 cm / 40 cm / 30 cm
  - Farbe 3: 60 cm / 45 cm / 40 cm / 30 cm
- farblich passendes Nähgarn oder Nähgarn in Kontrastfarbe
- feine Universalnadel Stärke 70
- Sprühstärke (optional)

NAHTZUGABEN

Die Maße für die Schnittteile enthalten bereits 1 cm Nahtzugabe.

HINWEIS Den Musselin vor dem Zuschnitt rundum versäubern und bei 30 °C oder 40 °C waschen. Dabei läuft er nicht nur um ein paar Prozent ein, sondern er crinkelt auch sehr. Im Liegen trocknen, damit der Crinkle-Effekt gleichmäßig bleibt. Für den Zuschnitt den Stoff nach dem Trocknen mit viel Dampf und leichtem Druck bügeln, damit er glatt liegt.

ZUSCHNITT

Pro Tuch aus jeder Farbe einen Streifen zuschneiden.

XL: 3x Streifen, 47 cm x 137 cm

L: 3x Streifen, 34 cm x 98 cm

M: 3x Streifen, 27 cm x 77 cm

S: 3x Streifen, 19 cm x 53 cm

ANLEITUNG

HINWEISE

- Damit die Kanten beim Nähen stabil bleiben, können Sie sie mit Sprühstärke einsprühen.
- Beim Nähen von Musselin sollte der Füßchendruck reduziert werden, damit sich die Nähte nicht wellen.

1... Den Stoffstreifen in Farbe 1 rechts auf rechts auf den Stoffstreifen in Farbe 2 legen und an einer langen Kante mit Stecknadeln fixieren.

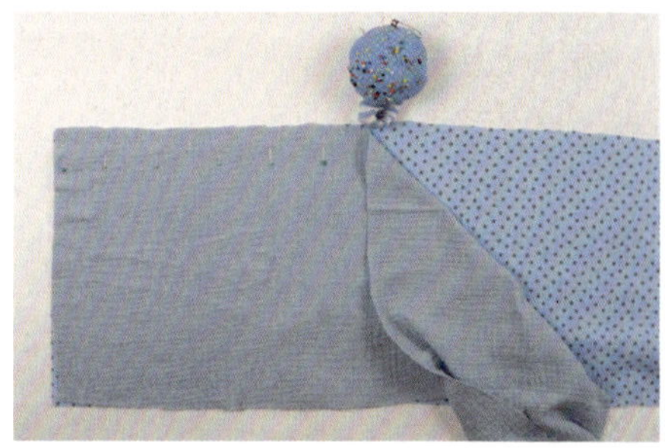

2... Die Streifen mit Geradstich zusammennähen.

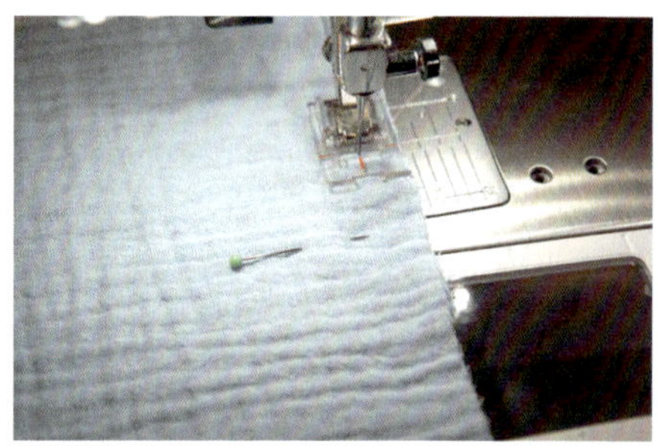

3... Die Nahtzugaben auf 4 mm zurückschneiden und sorgfältig auseinanderbügeln

4... An der Nähmaschine den Dreistich-Zickzackstich oder einen breiten Zierstich, alternativ einen normalen Zickzackstich, einstellen; den Stich

gegebenenfalls an einem Probestück ausprobieren. Der Stich sollte so breit eingestellt werden, dass er die Nahtzugaben auf beiden Seiten übernäht. Die Nahtzugaben mittig von links festnähen.

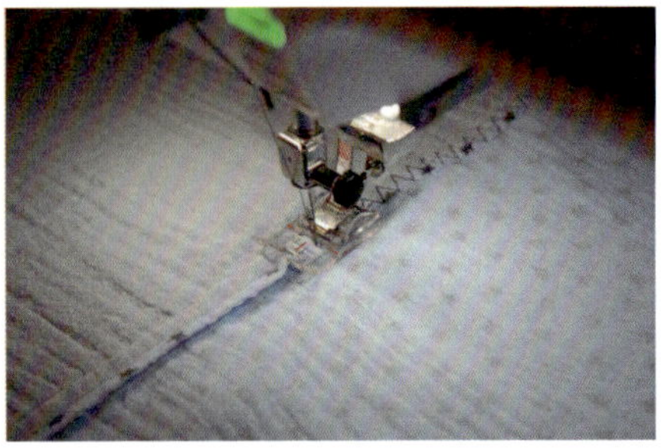

TIPP Kontrastfarbiges Garn ergibt einen tollen Effekt.

5... Etwas überstehende Nahtzugabe vorsichtig wegschneiden.

6... Den Stoffstreifen in Farbe 3 rechts auf rechts auf den Stoffstreifen in Farbe 2 legen und an der langen Kante mit Stecknadeln fixieren.

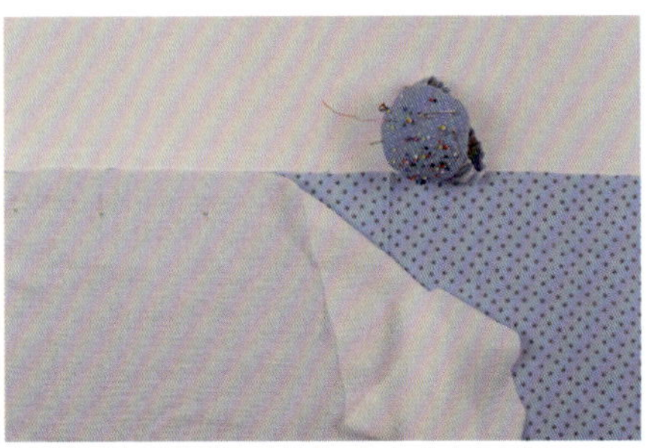

7... Die Streifen mit Geradstich zusammennähen. Die Nahtzugaben auf 4 mm zurückschneiden und sorgfältig auseinanderbügeln. Die Nahtzugaben wie oben beschrieben mit Dreistich-Zickzackstich, Zierstich oder normalem Zickzackstich festnähen.

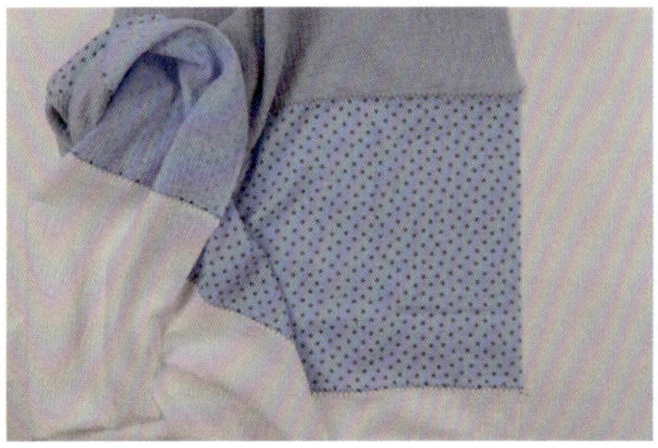

8... Die umlaufenden Tuchkanten 1 cm auf links umbügeln.

9... Die Saumzugabe an den Ecken aufklappen und über Eck umbügeln.

10... Die Saumzugabe so einfalten und bügeln, dass die umgeklappte Ecke innen liegt.

11... Alle Kanten sorgfältig heften.

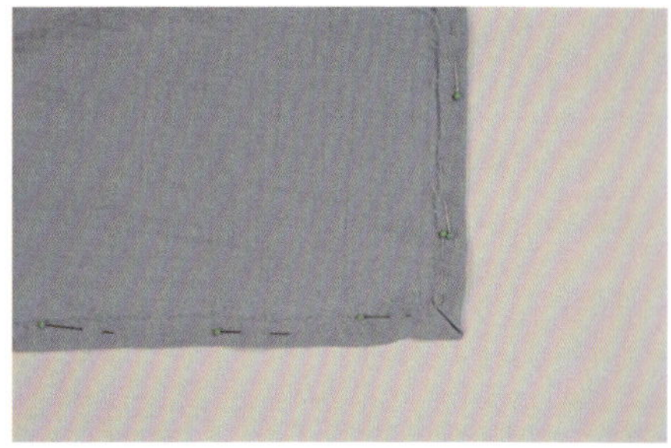

TIPP Sie können die Tuchkante auch mit einem doppelten Umschlagsaum arbeiten.

12... Die Saumzugabe mit dem Dreistich-Zickzackstich, Zierstich oder normalem Zickzackstich festnähen. Die Schnittkante dabei mitfassen.

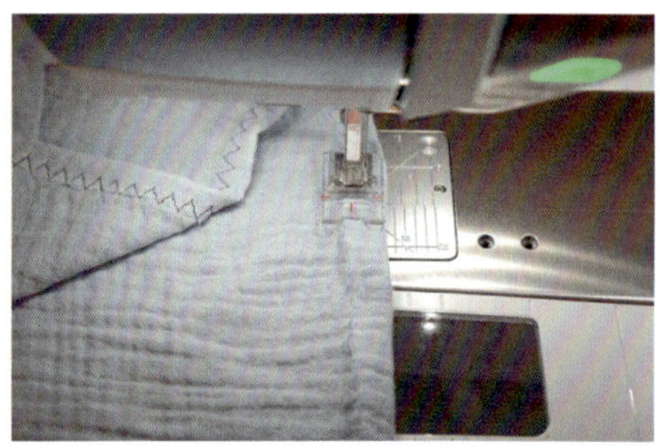

13... Überstehende Stofffäden vorsichtig abschneiden. Das Tuch nun zum Dreieck falten und tragen!

TIPP Wenn Sie eine Overlockmaschine besitzen, können Sie mit Rollsäumen arbeiten und den Effekt der farbigen Nähte noch verstärken. Mit kontrastfarbigen Rollsäumen sehen auch einfarbige Tücher toll aus.

WEIHNACHTSWICHTEL

Was wäre Weihnachten ohne Wichtel? Die kleinen Helfer des Weihnachtsmanns fühlen sich auch unter Menschen wohl und sind ein lustiges Mitbringsel in der Weihnachtszeit.

GRÖSSE

5 cm x 25 cm

MATERIAL

- gemusterter Baumwollstoff, Rest
- Baumwollstoff in Rosé, Rest
- Teddyplüsch in Weiß, Rest
- Jerseykordel in Rot-Weiß, ø 3 mm
- 5 g Füllwatte oder Füllflocken
- 4 EL Traubenkerne oder Dekogranulat
- 2 Glaswachsperlen in Schwarz, ø 5 mm
- farblich passendes Nähgarn
- Nähgarn in Schwarz
- Stickgarn in Naturweiß
- Glöckchen in Silber mit Öse, ø 8 mm

SCHNITTMUSTER-BOGEN A

NAHTZUGABEN

Die Schnittmuster enthalten 7 mm Nahtzugabe und 1 cm Saumzugabe.

ZUSCHNITT

Gemusterter Baumwollstoff
- 1x Vorderteil
- 1x Rückteil
- 1x Mütze

Baumwollstoff in Rosé
- 1x Gesicht

Teddyplüsch
- 1x Bart

ANLEITUNG

1... Die Unterkante der Mütze 1 cm breit nach links umbügeln, fixieren und mit einem Zier- oder Zickzackstich feststeppen. Nach Wunsch eine Applikation anbringen.

2... Die Seitenkanten der Mütze bündig rechts auf rechts aufeinanderstecken. Die Kanten zusammennähen. Die Nahtzugaben an der unteren Kante und an der Spitze abschrägen.

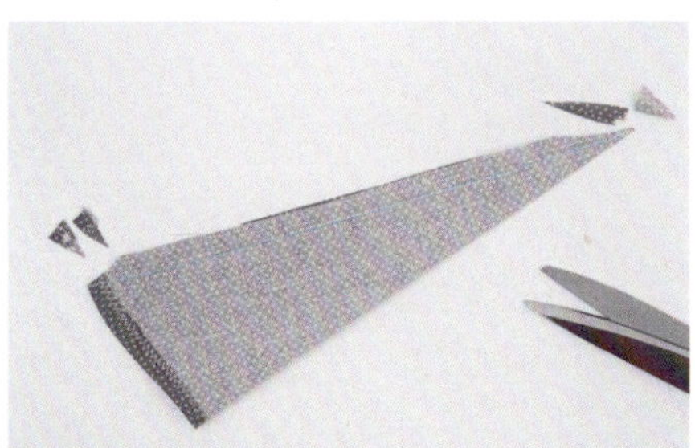

3... Die Nahtzugaben auseinanderbügeln und die Mütze auf rechts wenden. Die Mützenspitze mithilfe einer Stricknadel oder eines Borstenpinsels ausformen. Das Glöckchen an der Spitze anbringen.

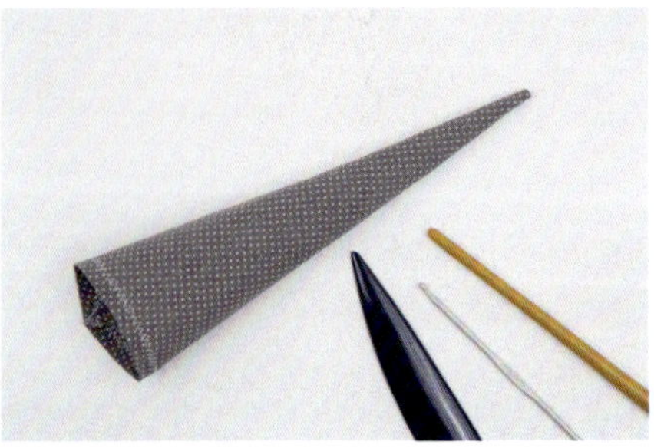

4... Das Gesichtsteil rechts auf rechts an das Vorderteil heften und feststeppen. Die Nahtzugaben nach unten bügeln.

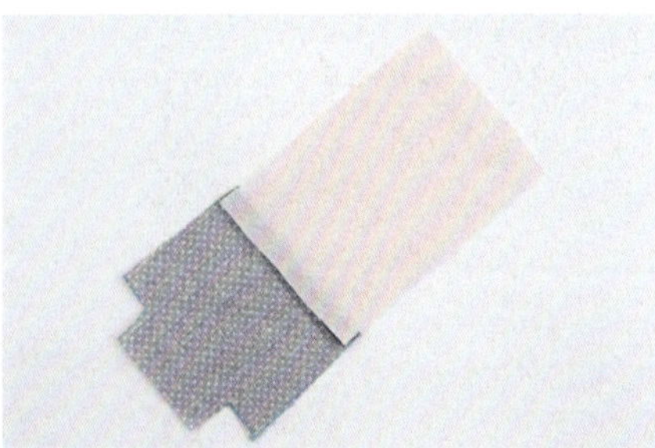

5... Vorderteil mit Gesicht und Rückteil rechts auf rechts legen und heften. Die Seitennähte und die Bodennaht schließen, dabei die inneren Ecken aussparen. Nahtzugaben auseinanderbügeln.

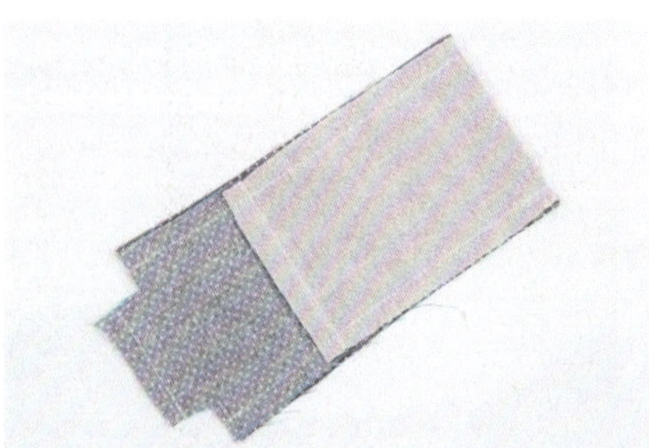

6... Die Stofflagen auseinanderziehen und die Kanten der inneren Ecken am Boden aufeinanderlegen und heften. Die Kanten steppen und den Körper auf rechts wenden.

7... Den Körper bis kurz unterhalb der Gesichtsnaht mit Traubenkernen oder Dekogranulat füllen, den Rest des Körpers bis zur Markierung mit Füllwatte füllen.

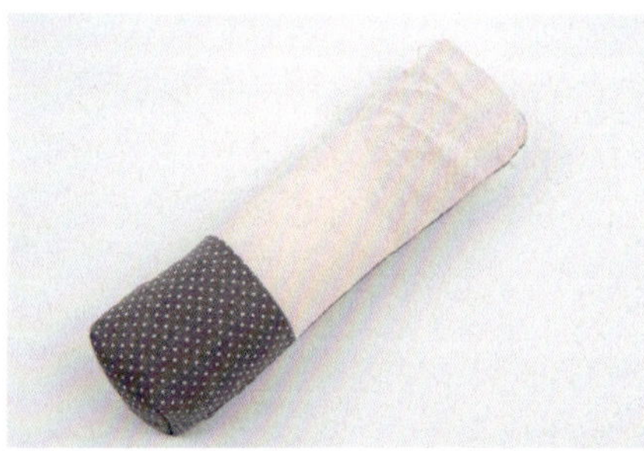

8... Ein Stück Stickgarn zurechtschneiden und die Öffnung an der Markierung damit zusammenziehen. Das Garn fest verknoten.

9... Für einen männlichen Wichtel den Bart markierungsgemäß auf Körper und Gesicht legen und entlang der oberen Kante mit ein paar Handstichen am Gesichtsteil festnähen.

Für eine Wichtelin 24 Stickgarnfäden à 35 cm zurechtschneiden und mittig mit einem 35 cm langen Garnstück bündeln. Das Garn fest verknoten, die Enden lang hängen lassen.

Die Fäden beidseitig in drei Stränge à acht Fäden teilen. Die Stränge zu Zöpfen flechten, die Enden fest mit Stickgarn verknoten. Die Zöpfe mithilfe des mittleren Fadens in der Kopfmitte festknoten.

10... Die Mütze über Gesicht und Körper schieben und mit ein paar Stecknadeln fixieren. Auf der Rückseite zwischen den Seitennähten unsichtbar mit feinen Handstichen am Körper festnähen.

11... Die Augen markierungsgemäß mit schwarzem Nähgarn von Hand annähen.

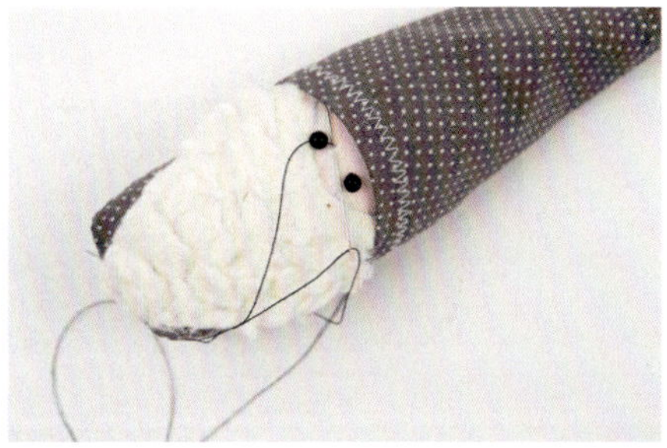

12... Die Zöpfe der Wichtelin über dem Boden mit Jerseykordel abbinden und passend abschneiden.

DÜRFEN WIR VORSTELLEN?

WIR SIND TOPP!

Uns, unsere Autoren, Bücher, Sets und viele, viele Bastelideen gibt's nicht nur auf Events und in Buchhandlungen, sondern natürlich auch online:

www.TOPP-KREATIV.de

www.YouTube.com/frechverlag

www.TOPP-KREATIV.de/Newsletter

www.Instagram.com/frechverlag

www.Facebook.com/frechverlag

www.Pinterest.com/frechverlag

www.TOPP-kreativ.de/DigiBib

LAURA SINIKKA WILHELM, Jahrgang 1971, studierte Textildesign in Finnland und Deutschland. Ihren Abschluss machte sie 1997 als Dipl.-Ing. Textildesignerin an der FH Reutlingen. Seither ist sie selbstständig tätig und arbeitet als freie Mode- und Textildesignerin sowie als Gastdozentin und Autorin in beiden Ländern. Gute Gestaltung lernte sie schon als Kind kennen und lieben. Die Verbundenheit mit ihrer zweiten Heimat Finnland bereichert ihre Arbeit und spiegelt sich unverkennbar in ihren Entwürfen wider. Die Freiheit, ihre Ideen auch mal unkonventionell umzusetzen, hat sie sich dabei immer bewahrt.
Seit 2011 ist Laura Sinikka Wilhelm regelmäßig mit kreativen Nähideen in der SWR-Sendung „Kaffee oder Tee" zu sehen. Sie lebt mit ihrem Mann und ihren zwei Kindern in der Nähe von Stuttgart.

DANKE an Tobi, Tim und Lilja und an meine ganze Familie hier und in Finnland.

EIN EXTRA DANKE an dich, Lilja, dass du so fröhlich und unkompliziert für dieses Buch gemodelt hast. Du hast deinen Job wirklich toll gemacht!

DANKE an all diejenigen, die professionell an diesem Buch mitgewirkt haben, die mich und meine Ideen unterstützen und die mit ihrer tollen Arbeit dazu beigetragen haben, dass ich dieses umfangreiche Projekt verwirklichen konnte.

Vielen Dank für die freundliche Unterstützung mit Materialien:
Albstoffe – Maute + Renz Textil GmbH, www.albstoffe.de
COSA – Der Stoffladen, www.cosa-derstoffladen.com
Freudenberg SE, www.freudenberg-pm.com
Gütermann GmbH, www.guetermann.com
Snaply GmbH, www.snaply.de
Westfalenstoffe AG, www.westfalenstoffe.de

Hilfestellung zu allen Fragen, die Materialien und Bücher zu kreativen Hobbys betreffen:
Frau Erika Noll berät Sie. Rufen Sie an oder schreiben Sie eine E-Mail!
Telefon: 0 50 52 / 91 18 58*   * normale Telefongebühren
E-Mail: mail@kreativ-service.info

IMPRESSUM

Buch zur Fernsehproduktion „Kaffee oder Tee" des SWR in Zusammenarbeit mit der SWR Media Services GmbH.
FOTOS: frechverlag GmbH, 70839 Gerlingen; Laura Wilhelm (Arbeitsschrittfotos); lichtpunkt, Michael Ruder, Stuttgart (alle übrigen)
PRODUKTMANAGEMENT: Claudia Mack
LEKTORAT: Christine Schlitt, Worms
COVERGESTALTUNG: Lena Sofie Schmitt
HERSTELLUNG: Jessica Siebert
LAYOUT und SATZ: Arnold & Domnick GbR, Leipzig
DRUCK UND BINDUNG: Neografia, Slowakei

1. Auflage 2024

ISBN 978-3-7358-7091-9 • Best.-Nr. 27091

MIX
Papier | Fördert gute Waldnutzung
FSC www.fsc.org FSC® C020353

Penguin Random House
Verlagsgruppe FSC® N001967

Den Modellen des Buchs liegen diese Körpermaßtabellen zugrunde, Maße in cm.

Größe	34	36	38	40	42	44	46
Körperhöhe	168,0	168,0	168,0	168,0	168,0	168,0	168,0
Brustumfang	82,0	85,0	88,0	92,0	96,0	100,0	106,0
Taillenumfang	66,0	69,0	72,0	76,0	80,0	84,0	90,0
Hüftumfang	91,0	94,0	97,0	101,0	105,0	109,0	114,5
Schulterlänge	12,0	12,1	12,2	12,3	12,4	12,5	12,7
Armlänge	59,8	59,9	60,0	60,2	60,4	60,6	60,8

Größe	XS	S	M	L	XL	XXL
Körperhöhe	167,0	167,6	168,5	169,5	170,0	172,3
Brustumfang	79,0	85,0	92,0	100,0	112,0	124,0
Taillenumfang	63,0	69,0	76,0	84,0	96,0	108,0
Hüftumfang	88,0	94,0	101,0	109,0	120,0	131,0

KAF

ODE